Harald Wenzel-Orf   Der steinerne Gast – Goethe unterwegs in Weimarer Wohnzimmern

Der steinerne Gast

Goethe unterwegs
in Weimarer Wohnzimmern

Harald Wenzel-Orf

Arrangement mit Goethe

Es gibt Ortschaften, namhaft, weil in ihnen eine Berühmtheit gelebt und gewirkt hat.
Amsterdam sonnt sich im Ruhme Rembrandts, und Stratford upon Avon wäre eine durchschnittliche englische Kleinstadt ohne ihren einstigen Bürger William Shakespeare. Natürlich lassen sich die Genies aus Kunst und Kultur auch glänzend vermarkten. Salzburg ohne Mozartkugeln ist undenkbar. Ein eigentümlicher Stolz macht sich bei vielen Menschen bemerkbar, weil in ihrer Stadt, in ihrer Region, in ihrem Vaterland eine weltbekannte Zelebrität existiert hat. Als falle ein Abglanz von dem großen Manne auf die eigene Person, ja, als sei man durch die rein topographische Beziehung selber geadelt.
Ernst Niekisch hat in seinem Buch »Das Reich der niederen Dämonen« angemerkt, daß die Deutschen, auf ihre Klassiker pochend, sich selber für Gold ausgäben, obwohl sie eigentlich Schrott wären. Ein hartes Wort, doch insofern richtig, als jede Nation den Zufall, in ihrer Mitte einen begnadeten Künstler besessen zu haben, als Eigenleistung ausgibt.
So entstand die allseits verwendete, aber irrige Formel von den Deutschen als Volk der Dichter und Denker. Damit durfte man sich schmücken, denn durch die Zugehörigkeit zu solchem Volk war man nicht bloß ein Irgendwer, sondern ein den Klassikern irgendwie metaphysisch verwandtes Individuum. Und man ignorierte, wie die besagten Klassiker zu höchst unehrenhaften Zwecken gebraucht und mißbraucht wurden.
Unsere Klassiker haben allen Regimen und Diktaturen getreulich gedient und zwar nicht nur, weil sie tot und damit wehrlos gewesen sind, sondern, weil ihre Werke den jeweiligen Wünschen entsprechend interpretiert werden konnten.
Wer hat sich nicht alles auf Goethe berufen?
Kein Kulturfunktionär der untergegangenen DDR, der nicht den Satz vom freien Volk auf freiem Grund im Munde führte, während doch jeder Zuhörer genau wußte, wie es um die Freiheit des Volkes und des Grundes bestellt war.
Und wir erinnern uns an die permanente Berufung regierender Oberhäupter auf das »klassische Erbe« als Legitimationsausweis und an den als Schlagwort verwendeten »tiefen Humanismus«, der in der DDR seine Erfüllung gefunden hätte.
Freilich fragte keiner nach, wie es denn mit Goethes Humanität gewesen sei. Der Herr Geheimrat war alles andere als ein Menschenfreund, seine Tätigkeit als Soldatenwerber in Kneipen kaum ehrenwert. Seine politische Neutralität, gar Abstinenz hat er selber mit dem Spruch »Politisch Lied, garstig Lied« deutlich genug artikuliert. Unser Weimarer Olympier

war kein Musterbeispiel von »Political correctness«. Ludwig Börne schrieb 1835 über den Dichter: »Was machte ihn zum Knechte der Verhältnisse, zum feigen Philister, zum Kleinstädter? Er war Protestant, und seine Familie ratsfähig. Er war schon sechzig Jahre alt, stand auf dem höchsten Gipfel seinen Ruhms, und Weihrauchwolken unter seinen Füßen wollten ihn trennend schützen vor den niederen Leidenschaften der Talbewohner; – da ärgerte er sich, als er erfuhr, die Frankfurter Juden forderten Bürgerrechte, und er geiferte gegen die ›Humanitätssalbader‹, die den Juden das Wort sprächen.«

Derlei Meinungsäußerungen eigneten sich kaum zum Zitieren – es sei denn im »Dritten Reich«. Doch ich will Goethe nicht im Sinne von Goldhagen zu einem frühen willigen Helfer Hitlers ernennen; er war in vieler Hinsicht so beschränkt wie seine Zeitgenossen und war deren Denken und Empfinden verhaftet.

Aber, so ist zu fragen, hat sich denn seit Goethes Tagen an unseren Einstellungen und Ansichten wirklich viel geändert? Stecken wir nicht selber voller Vorurteile, voller Mißtrauen gegenüber allem Fremden? Streben wir nicht, gleich dem Dichter, nach Harmonie und einem geruhsamen Plätzchen hinter dem warmen Ofen?

Mit einer auf die eigene Person bezogenen Maxime hat er ausgesprochen, was auch für die heute Lebenden Gültigkeit besitzt: »Es liegt nun einmal in meiner Natur, ich will lieber ein Unrecht begehen als eine Unordnung ertragen.« Dieses Bekenntnis ließe sich getrost als geheimes Leitmotiv der deutschen Geschichte verstehen. Es ist von Deutschen – der von ihnen imaginierten und erstrebten Ordnung halber – maßloses Unrecht begangen worden. Was Goethe als seine Natur bezeichnete, hat sich als ein allgemeineres Phänomen erwiesen. Die Ordnungssucht ist eine spezifisch deutsche Krankheit gewesen, und ich fürchte, sie ist es noch immer. Der nahezu pathologische Zwang, alles und jedes per Ukas regeln und bestimmen zu müssen, ist nirgendwo sonst auf der Welt so verbreitet wie in Deutschland. Aber ich will Goethe dafür keinesfalls verantwortlich machen und mit enormer Verspätung vor ein Tribunal zerren. Der Mann ist tot und läßt uns grüßen, jedenfalls durch seine Vermittler, denen er über Epochen hinweg zu Lohn und Brot verholfen hat.

Sich an Goethe zu halten heißt: immer richtig liegen. Goethe paßt überall hin, fällt ins Auge, aber nicht unangenehm auf und verleiht zu geringen Kosten jedem, der es will, die Aura des Gebildeten und vor allen Dingen die des gesellschaftlich Zuverlässigen.

In meiner Jugend habe ich Goethebüsten unterschiedlichsten Formats bei unterschiedlichsten Leuten angetroffen. Merkwürdigerweise übrigens auch Dante mit der Ohrenschützerkappe, wobei mir die Beziehung zwischen dem Wohnungsinhaber und dem Renaissance-Poeten rätselhaft erschien. Konnte man von der Goethebüste noch auf die entsprechende Lektüre schließen, so war die Kenntnis der »Göttlichen Komödie« kaum vorauszusetzen. Auch Beethoven bin ich häufig begegnet; sein haarumwalltes Haupt war immer auf einem Klavier plaziert. Sie alle hatten wohl die Funktion, das Kunstverständnis ihrer Eigentümer im wahrsten Wortsinne zu be-haupten. Bei den Genannten ergab sich niemals die Gefahr, sie nach politischen Umschwüngen entsorgen zu müssen. Wo sind die Büsten von Marx und Thälmann geblieben? Vermutlich in den Mülltonnen der Nachwendezeit beerdigt.

Gegenwärtig hat sich unser Umgang mit den Abbildern der Klassiker, auch mit dem Goethes, gewandelt. Die Ehrfurcht ist geschwunden, sonst wären die Fotografien von Wenzel-Orf ein Sakrileg allerersten Ranges.

Wie kommt es, daß wir uns über Bilder amüsieren, die vor sechzig, siebzig Jahren wahrscheinlich als frevelhaft verboten worden wären? Sind wir, die für ihren »Tiefsinn« berüchtigten Deutschen humorvoller geworden? Nehmen wir uns selber nicht mehr ganz ernst und demonstrieren diesen Unernst durch das vielfältige Arrangement, an dem Goethe in effigie beteiligt ist?

Wenzel-Orfs Fotos bieten diverse Interpretationsmöglichkeiten, von denen einige aufgezählt werden sollen. So könnte man, außer von der Goethe verfremdenden Heiterkeit, auch von einer reduzierten Sensibilität reden – eine Folge der medialen Bildersintflut, welche noch die kurioseste Darstellung, die obskurste visuelle Kombination nach kurzer Zeit als Selbstverständlichkeit präsentiert. Haben wir Goethe nicht schon oft in den Werbeanzeigen großer Zeitschriften gesehen? Von Tischbein gemalt, vom Reisebüro verwendet, um den Betrachter nach Italien zu locken? Wäre es nicht naheliegend, die Hypothese aufzustellen, daß wir, der Religiosität ledig, jeglicher Transzendenz abhold, eine Blasphemie kaum noch als solche zu erkennen vermögen? Haben die Symbole ihre Bedeutung verloren? Ist ergo Goethes Kopf nur mehr ein Spielobjekt und einzig und allein durch die Diskrepanz oder die passable Nähe zu seinem Umfeld von Interesse?

Auf manchen Fotografien macht er den Eindruck, noch ganz der Alte zu sein, der Genius, von dem etwas ausgeht, das die Atmosphäre des Raumes prägt. Auf anderen wiederum wird er zum Scherzartikel jenes Karnevals, den wir für unser Leben halten. Die Distanz zwischen ihm und und denen, die ihn komisch verwenden, ist aufgehoben. Aber dadurch, daß wir ihn im Terrarium unterbringen, wird er noch lange nicht einer von uns oder einer wie wir. Wir gewinnen selber nicht an geistiger Höhe, wenn wir uns auf seine kahle Stirn setzen. Wir verdeutlichen damit ausschließlich die Einebnung von Werten. Wir setzen alles gleich: Ob Mickey Mouse oder Johann Wolfgang; die unüberbrückbar scheinende Divergenz hat sich verflüchtigt dank unserem Talent, was immer auch existiert, zu verwerten.

Dergestalt gerät Goethe ins Menschenterrarium, in den Knast, wo man ihn mit Sicherheit so wenig kennt wie im Nonnenkloster, wo der hymnische Erotiker, der seinen Penis bedichtende Autor garantiert in keiner Zelle zu finden ist.

Ganz offenkundig hat keiner der Fotografierten etwas Anstößiges daran gefunden, mit dem Dichter vor der Linse zu posieren. Drückt sich darin ein Verlust von Maßstäben aus? Und schließlich: Muß man nicht annehmen, daß wir es auf den Fotos mit lauter Nichtlesern des Meisters zu tun haben? Unter einem anderen Aspekt kann man die Fotos auch anders entschlüsseln. Wir erblicken eine Menge Leute, lustig gestimmt oder gleichgültig ernst, meist jedoch mit Vergnügen an der Sache beteiligt. Nur Goethe verzieht keine Miene. Der Einwand, ein Gipskopf sei dazu nicht imstande, wäre als Einwand zu billig. Zwischen den aktuell Abkonterfeiten und dem Dichter findet unwiderleglich keine Kommunikation, gleich welcher Art, statt. Kein Zwiegespräch, wie es doch zwischen einer Plastik und dem Beschauer denkbar wäre. Man lacht über den modisch bestückten bleichen Gesellen, über die Zutraulichkeit, die ihm sogar per Gesäß zuteil wird, und doch zeigt sich etwas Bemerkenswertes: Der Büste bleibt, trotz allem Jux und aller Drollerei, ein Ausdruck von Würde. Goethe macht die Späße sichtlich nicht mit. Was seiner Haltung gegenüber dem »Pöbel« durchaus entspräche.

Über jedem Schnappschuß könnte als Motto der einstige DDR-Slogan stehen, mit dem Klassiker dem »Volkseigentum« zugeschlagen wurden: »Er ist unser!« Im Nachhinein hat die Partei die Klassiker in ihre Reihen aufgenommen, und man verzieh den Berühmtheiten gewisse bürgerliche Rudimente aus Altersgründen. Prinzipiell galten sie als Mitstreiter im Kampf um eine bessere Welt; ihr Idealismus wurde als gute Absicht gewertet, und ihre Unkenntnis des Marxismus-Leninismus als historisch bedingt. Mit der besseren Welt ist es, trotz Unterstützung durch die große deutsche Literatur, jedoch nichts rechtes geworden. Und wenn ich meine Spekulationen auf die Spitze treiben wollte, müßte ich sagen: Daß mit Goethe in den Weimarer Wohnzimmern umgegangen wird wie mit einem Clown, ist seinem Versagen beim Aufbau eines erlebenswerten Sozialismus zuzuschreiben. Selber schuld, alter Junge! Hat sich nicht genügend angestrengt im Verein mit Walter Ulbricht und Erich Honecker und anderen faustischen, aber provinziellen Gestalten, das eingangs erwähnte Zitat vom freien Volk auf freiem Grund wahrzumachen. Aber, obgleich in der Vergangenheit die Zukunft beschlossen und besiegelt vorhanden ist, war Goethe kein Mitschuldiger, geschweige denn ein Mitläufer – auch wenn er die Nähe zur Macht gesucht und genossen hat. Ob er sie zu unseren Genossen genossen hätte, ist eher fraglich.

Um mich nun endgültig ironischer Deutungen von Wenzel-Orfs Fotografien zu enthalten: Für mich implizieren sie ein ganz wesentliches, unter den grotesken Inszenierungen verborgenes Moment. Ich entdecke eine unmißverständliche Allegorie der Beziehung zwischen Dichter und Publikum. Der zwischen mehr oder minder lebenslustigen Menschen versteinerte Autor, ihnen zur Unterhaltung überlassen, verweist auf den tatsächlichen Abstand, den die Realität zwischen den vorgeblichen Partnern hervorruft. Das verbindende Medium zwischen Publikum und Autor ist abstrakt: das Wort und die Wörter. Darüber hinausgehende Kontakte zwischen dem Einzelnen, einem zu innerer Einsamkeit Verdammten, und seinen Verehrern oder Sympathisanten, stellen sich nur selten, nur vorübergehend ein. Auf Wenzel-Orfs Fotos erkenne ich die eigene Position als Schriftsteller wieder: wie man behandelt wird, sobald man sich auf die Öffentlichkeit einläßt – entweder auf einen Sockel gestellt oder zur Abendunterhaltung degradiert. Vielleicht aber ist solch Abstand notwendig, denn beim Bad in der Menge gehen die Intentionen flöten, und man wird zum Darsteller seiner selbst. Vermutlich hätte sich Goethe angesichts des Schabernacks mit seinem gipsernen Doppelgänger blau geärgert. Er war immerhin recht eitel und hat es abgelehnt, nach seinem Hinscheiden für eine Totenmaske zur Verfügung zu stehen respektive zu liegen. Denn der Tod sei, Goethes Aussage nach, ein mittelmäßiger Porträtmaler. Darum gibt es nur, wie die Insel-Ausgabe der Goethebildnisse mitteilt, die Abformung des weimarischen Hofbildhauers Karl Gottlob Weißer für den Phrenologen Gall, und sie ist die Grundlage für Weißers Büste.

Die Maske stammt vom 16. Oktober 1807 und muß dem Abgeformten gefallen haben, da er später anmerkt: »Die Formen sind hier ganz genau, Geist, Leben und Liebe muß ja ohnedem der Künstler hinzustiften ...« Nach Weißer arbeitete (mit zusätzlicher Benutzung der Rauchschen Büste von 1820) der Bildhauer Theodor Wagner eine neue Büste, die er im Februar 1832 Goethe schickte. Selbst in diesem Falle gilt das spöttische Bonmot: Goethe und kein Ende.

Über das Verhältnis zu Klassikern gibt eine Anekdote Auskunft, welche beweist, wie unwichtig das Werk im Grunde sein kann, ist nur die Verehrung seines Schöpfers groß genug. Die Geschichte handelt von einer Fischhändlerin im ausgehenden vorigen Jahrhundert, die auf dem Gänsemarkt in Hamburg vor dem Denkmal Gotthold Ephraim Lessings steht und bewundernd ausruft:

»Festgemauert in der Erden! Großer Goethe!«
Soweit mein Beitrag aus Scherz, Satire, Ironie und tieferer Bedeutung.

Günter Kunert

Weimarer Wohnzimmer

In dieser Wohnung habe ich, mit wenigen Unterbrechungen,
mein Leben lang gewohnt. Ich schlafe in dem Zimmer, in dem ich
geboren bin, und könnte mir nie vorstellen, in anderen als den
erinnerungsreichen, geliebten Räumen zu wohnen – ebensowenig
wie ich mir vorstellen kann, in einer anderen Stadt als Weimar
zu leben.
Die schwere Arbeit, die ich zur Beseitigung des Bombenschadens
von 1945 geleistet habe, verbindet mich mit Haus und Garten,
noch mehr aber die Erinnerung an die Kindheit und an eine von
hohen Idealen erfüllte, schwärmerische Jugend.
Schiller vor allem begeisterte mich, und mit Recht schaut noch heute
seine Büste vom alten Ahnenschrank auf mich herab.

Ilse-Sibylle Stapff

13

In unserem Kinderzimmer in Jena stand Urgroßvaters Bücher-
schrank. Er hatte die Bombennächte des Weltkrieges und ein
Dutzend Umzüge gut überstanden und war für mich ein Geheim-
schrank, der von den Klassikern bis hin zu Thomas Mann kostbare
Bücher barg. Diese waren versehen mit Kommentaren des
Urgroßvaters, eines sozialdemokratischen Journalisten, der mit dem
»Mythos Weimar« lebte. Ich wohne seit 1977 als bekennender
Provinzler und Weltbürger in der Stadt an der Ilm, bin seit 1991
Schulleiter des Musikgymnasiums.
Der Bücherschrank steht heute im Wohnzimmer des Hauses in der
Cranachstraße, in das wir 1996 eingezogen sind.

Wolfgang Haak

Wir sind alle in Weimar geboren. In dieser Neubauwohnung wollen wir nicht bleiben, ein Durchgangszimmer, das Bad und die Küche sind winzig und ohne Fenster.
Ich habe drei Berufsabschlüsse. Nach Arbeitslosigkeit haben wir jetzt ABM-Stellen, aber mit vier Kindern bleibt es schwierig.
Unsere Hauptsorge ist, Lehrstellen für unsere Kinder zu finden.
Sichere Arbeit wäre der einzige Grund, aus Weimar wegzugehen.
Stolz sind wir auf unseren Apfelsinenbaum, er ist 17 Jahre alt, genau wie unsere Tochter.
Die 28 Bände Brockhaus haben wir 1990 auf Raten gekauft.

Harry Patermann

Nach Thüringen kam ich mit der Aufgabe, die Firma HOCHTIEF hier zu leiten. Seit 1991 lebe ich mit meiner Frau in Weimar. Unser Haus liegt nahe dem Zentrum, mit Blick in die Natur. Früher wohnte einmal Hoffmann von Fallersleben hier. Dies waren für mich Gründe, das verfallene Haus zu sanieren.

Heute wohnen wir in einem Neubau hinter dem alten Gebäude. Zum kulturellen Leben der Stadt haben wir schnell Kontakt gefunden – auch durch die Tätigkeit meiner Frau an der Mal- und Zeichenschule.

Goethe – den hatten wir schon in Frankfurt. Wir haben viel über ihn gelesen, er war schon eine gespaltene Persönlichkeit.

Büsten haben für uns etwas rückwärts Gerichtetes. Eher würden wir uns eine moderne Plastik hinstellen.

Irmela und Reinhard Bokemeyer

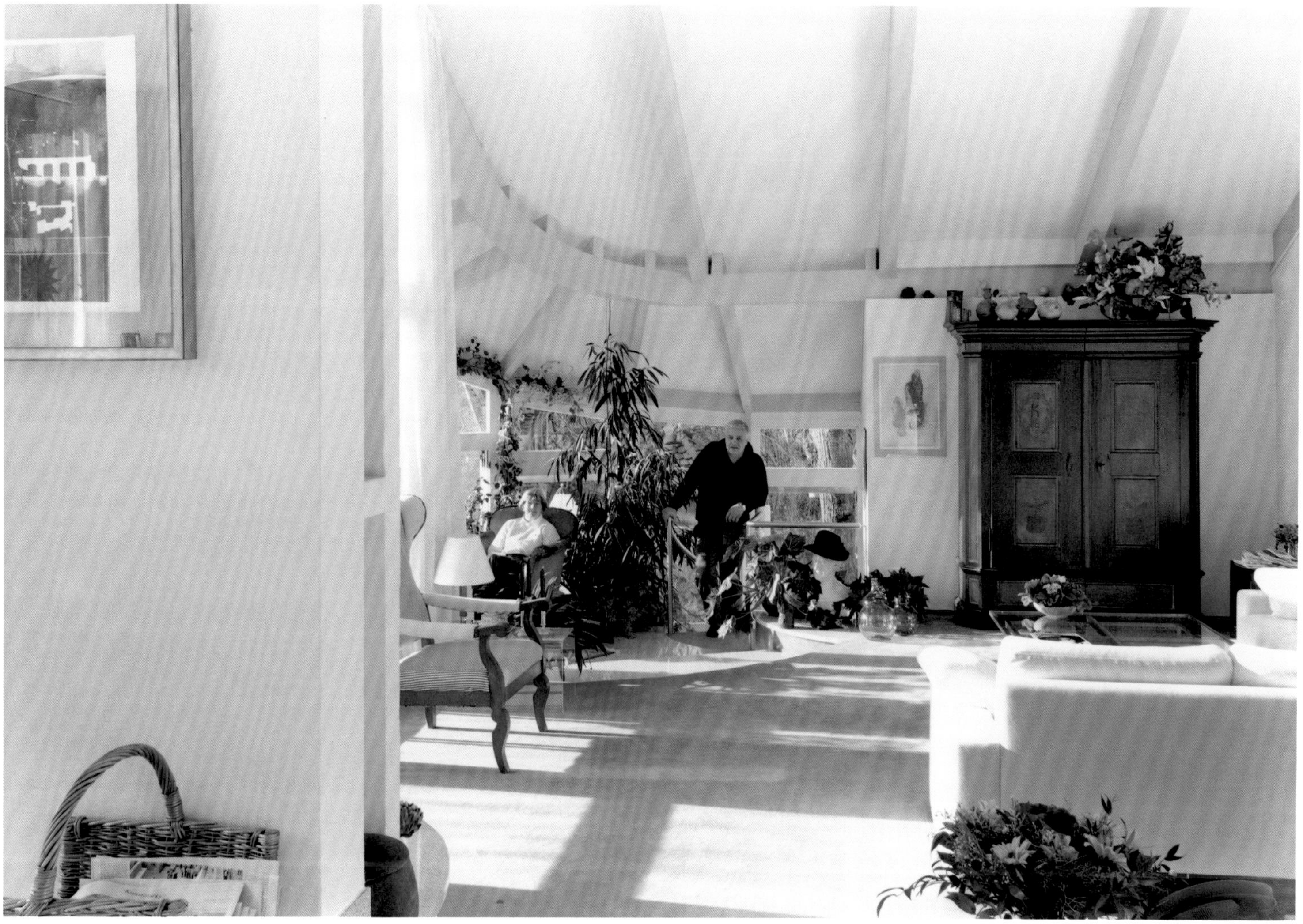

Seit meiner Geburt 1973 lebe ich in Weimar. Die Stadt ist
mein Zuhause, klein und gemütlich. Die Parks mit dem vielen Grün
sind geil.
Hier in der Gerberstrasse fühle ich mich pudelwohl: Eigene Bude,
Balkon, Hof. Wir machen alles selbst, dafür keine Miete.
Die Stadt wird jetzt mit diesen neuen Ekelhäusern verschandelt.
Der Tourismusrummel kotzt mich an. Weimar ist zu klein für
die Massen an Hotels und Kneipen, Verkehrschaos, überteuerte
Parkplätze. Das Ordnungsamt zockt kräftig ab.
Goethe fetzt so verkleidet, er kann hierbleiben.

Mulei

HASTE MA GLUT?
15
Ausstieg
G.B.H
FUNERAL DRESS
BOSKOPS
BAMBAMS
31.8.
SCHLOSS

Wir sind in Weimar geboren und leben schon immer hier.
(Nur unsere Katze Minna stammt aus einer Mülltonne in Apolda.)
Als Rechtsanwälte haben wir Kontakt zu sehr vielen verschiedenen
Menschen. Das führt dazu, daß man sich in den »Weimarer
Verhältnissen« sehr gut auskennt, in jener unvergleichlichen
Mischung aus Dorf und Weltstadt.
Auch unsere Eltern und teilweise die Großeltern lebten schon hier.
Deshalb ist unser Wohnzimmer voller Erinnerungen an voran-
gegangene Generationen.
Wir gehen bewußt, achtungsvoll und trotzdem unbefangen mit
Weimars klassischer Vergangenheit um – auch mit unserem
»steinernen Gast«.

Volker und Maria-Elisabeth Grosse

Wir sind deutschstämmig und kamen vor sechs Monaten aus
Sibirien nach Deutschland. Jeder durfte nur einen Koffer mitnehmen.
In Weimar leben wir jetzt in einem Wohnblock für Spätaussiedler,
Kinder und die Enkel insgesamt auf drei Wohnungen verteilt.
Einige von uns gehen jeden Tag zum Deutschunterricht. In Rußland
war es uns lange Zeit verboten, deutsch zu sprechen.
Wir hoffen, daß die Kinder eine Arbeit finden. Wenn sie dann von
der Familie fortgehen, werden wir trotzdem weiter zusammenhalten,
das haben wir in Sibirien gelernt.
In der Schule haben wir auch Goethe gelesen, aber das ist schon
sehr lange her.

Familie Frank

Schon 1960 bin ich als Bühnenbildner ans Nationaltheater gekommen.
Der »Faust« hat uns keine Ruhe gelassen. Wir haben ihn dreimal
versucht. Das war jedesmal eine Herausforderung.
Ich habe mir diese Mansardenwohnung genommen, weil sie im
Zentrum der Altstadt liegt. Im Mittelpunkt des Geschehens, aber hoch
genug, um Distanz herzustellen. Wohn- und Arbeitszimmer sind eins.
Zu den Heroen sollte man einen gewissen Abstand haben.
Man darf sie auch mit etwas Augenzwinkern betrachten. Oder?
Wenn wir Goethe also mal gebrauchen wollen, zaubern wir ihn
doch hier aus der Schachtel!
Man kann ihn ja wieder verschwinden lassen.

Franz Havemann

Nach Weimar bin ich vor über 40 Jahren gekommen, als Schauspielerin.
Diese Mini-Wohnung am Grünen Markt habe ich erst seit einem Jahr. Beim Umzug mußte ich viele Bücher weggeben, aber ich bin Stammgast in der Anna-Amalia-Bibliothek – eine späte, glückliche Entdeckung für mich.
Je älter ich werde, umso mehr interessiert mich diese Stadt. Ich reise oft in den Süden, seit ich nicht mehr auf der Bühne stehe, aber ich komme auch immer wieder gern zurück. Wenn ich irgendwo in einem anderen Land ein Foto von Weimar sehe, wird mir plötzlich ganz warm ums Herz.
Es müßte nur immer die Sonne scheinen – das ist übrigens Goethe genauso gegangen.

Linde Sommer

Unsere Familie wohnt seit 1964 in diesem Haus, direkt am Goethe-Park. Es wurde von dem Bildhauermeister Franz Dospiel erworben und liegt gegenüber dem Steinmetzbetrieb, der seit der Vertreibung aus Böhmen 1946 existiert. In der Firma wirkt inzwischen schon die dritte Generation unserer Familie.
An fast allen Weimarer Kulturstätten hat unsere Firma Restaurierungsarbeiten ausgeführt. Wir haben auch mehrere Denkmäler kopiert, darunter den »Schlangenstein« im Goethepark.
Seit vielen Jahren ist es bei uns Tradition, jeden Sonntagnachmittag mit Verwandten zu einer Rommé-Runde zusammenzukommen.

Familie Dospiel

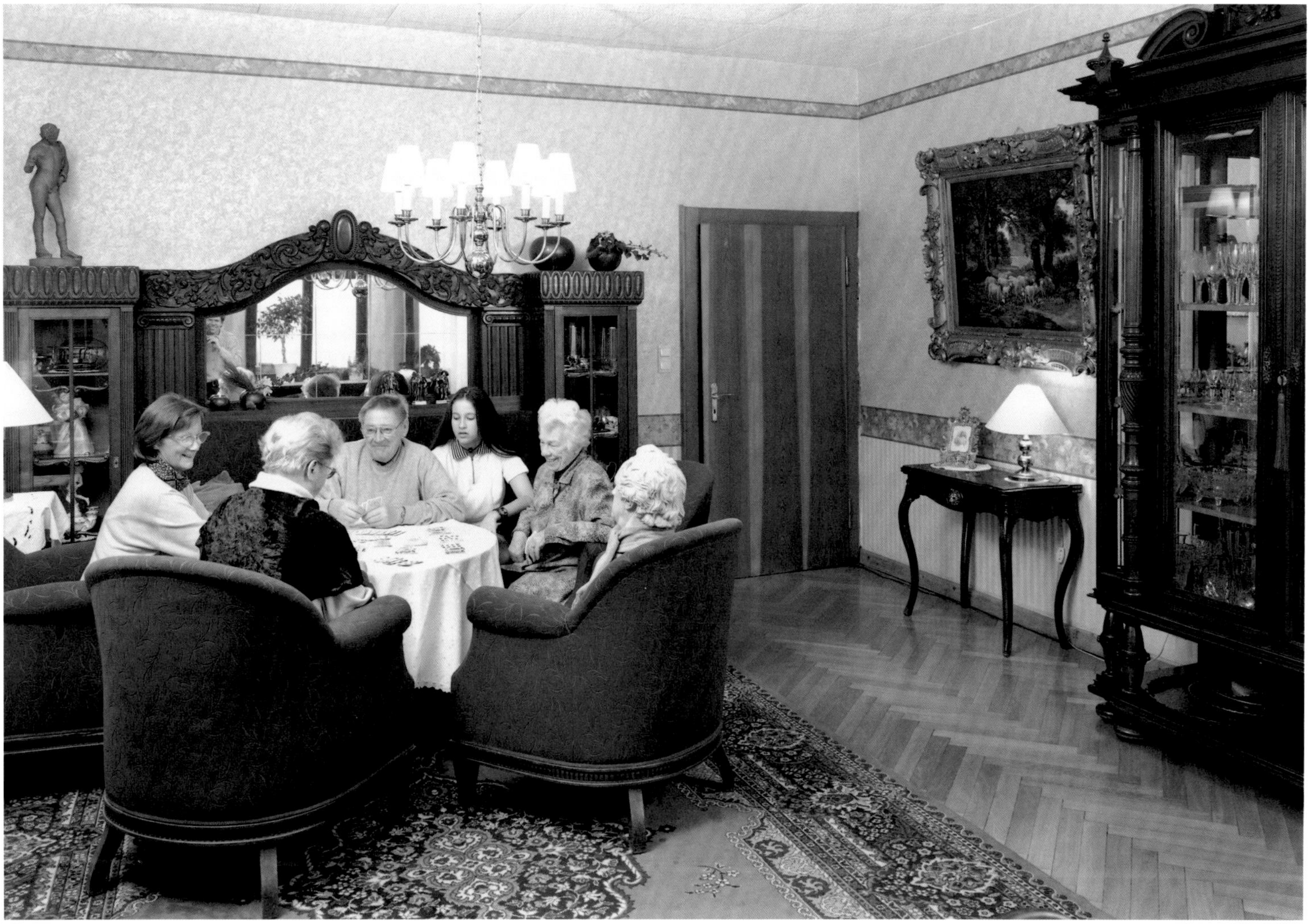

Wir kamen im August 1954 mit unseren beiden Kindern aus Prag nach Weimar, weil Louis Fürnberg zum stellvertretenden Direktor an die neu gegründeten Forschungs- und Gedenkstätten der klassischen deutschen Literatur berufen wurde. Seinem Engagement für Goethe, von dem auch die Novelle »Begegnung in Weimar« (1952) zeugt, kam das sehr entgegen.

Das schwere Leben und die erlittenen Schicksalsschläge hatten aber seine Gesundheit schon untergraben. Mit nur 48 Jahren erlag der Lyriker einem zweiten Herzinfarkt.

Ich habe mit einer Mitarbeiterin und anfangs auch mit Gerhard Wolf seine Werke herausgegeben.

Hier sollte eine kleine Gedenkstätte für Fürnberg erhalten bleiben. Doch der »Zeitgeist« gestattet das nicht. Nun ist dies – sein Arbeitszimmer, seine Bibliothek – mein Wohnzimmer.

Lotte Fürnberg

27

… Ihr interessiert Euch für meine Nachbarn …
Sie bezogen vor gut einem Dutzend Jahren das von Carl Augusts Hofkoch François le Goullon seit 200 Jahren arg vernachlässigte Anwesen und haben es zu einem beschaulichen Heim hergerichtet. Es herrscht ein emsig Treiben dort.
Den Herrn des Hauses beobachte ich mit Skepsis. Er sortiert in meinem Nachlaß, um ihn – recht gefällig – dem Volke darzubringen. Die Tochter Luise gar, mit Iphigenien brillierend bei ihrem Abitur am Gymnasium, welches man nach mir benannte, spürt mir in Berka nach. Ihr wißt, ich weilte dort zur Kur so etliche frohe Stunde. Kürzlich sah ich den Jüngsten, schon ein wohl anzusehender Knabe, mit meinem ersten Fauste sich befleißigend. Recht brav.
Ein Weib noch geht dort ein und aus, von der es nur zu sagen gäbe … – ach, nicht das Glück der nächsten Nähe …

Höchst virtuell, Ihr Goethe

P. S.: Aufgrund der Einrichtung der Fluglinie Weimar–Rom verkürzt sich mein Italienaufenthalt erheblich! G.

Klaus Nerlich

Zu Weimar sagte ich spontan ja, als ich vor zwei Jahren das Angebot bekam, ans Nationaltheater zu gehen.
Ich wußte nicht, wie die Weimarer meine Arbeit aufnehmen würden. Meine Form des Tanzes konfrontiert das Publikum mit existenziellen Gefühlen, nicht nur mit angenehmen.
Ich stieß auf großes Interesse. Und verstand, daß Weimar mehr als Tradition bedeutet. Weimar war auch Wiege großer fortschrittlicher Gedanken. Bei meinen Vorbereitungen zu »Mephisto« entdeckte ich den Visionär Goethe. Er hat Mineralien untersucht, eine Farbenlehre aufgestellt und die Gasbeleuchtung auf öffentlichen Straßen eingeführt. Er hat uns kabbalistische Formeln überliefert, die bis heute nicht entschlüsselt sind. Bei allem Fortschrittsglauben war er auch ein Mystiker. Ein Mensch voller Neugier, voller Widersprüche.
Sein »Faust« berührt tief das Wesen des modernen Menschen.

Ismael Ivo

Nach der Ausbildung zum Architekten in Weimar führte es mich über verschiedene Wohnformen hin zur wackligen alten Hütte am Goethepark. Hier schliefen einst die Pferdeknechte der Maria Pawlowna. Nach wilden Eingriffen in das Haus zugunsten von Luft und Licht »paßte« es für mich.

Der Wintergarten entstand in den vergangenen zwei Jahren. Er ist meine Therapie, die Arbeitslosigkeit zu verkraften. So wächst nun ein Pflanzenurwald durch zwei Etagen. Was mich hier umgibt, ist mehr als ein Hobby, es ist Leben und Erfahren, Erkosten von Licht, Erde, Grün.

Ich glaube, Goethe hat seinen Platz überall, er tat einfach alles, bis hin zu dem, was ohnehin alle machen. So gesehen dürfte er es sich auch als Büste gefallenlassen, unter grünen Exoten zu lungern, mit einer Lichtsalve gegen seine Physiognomie.

Ottmar Jordan

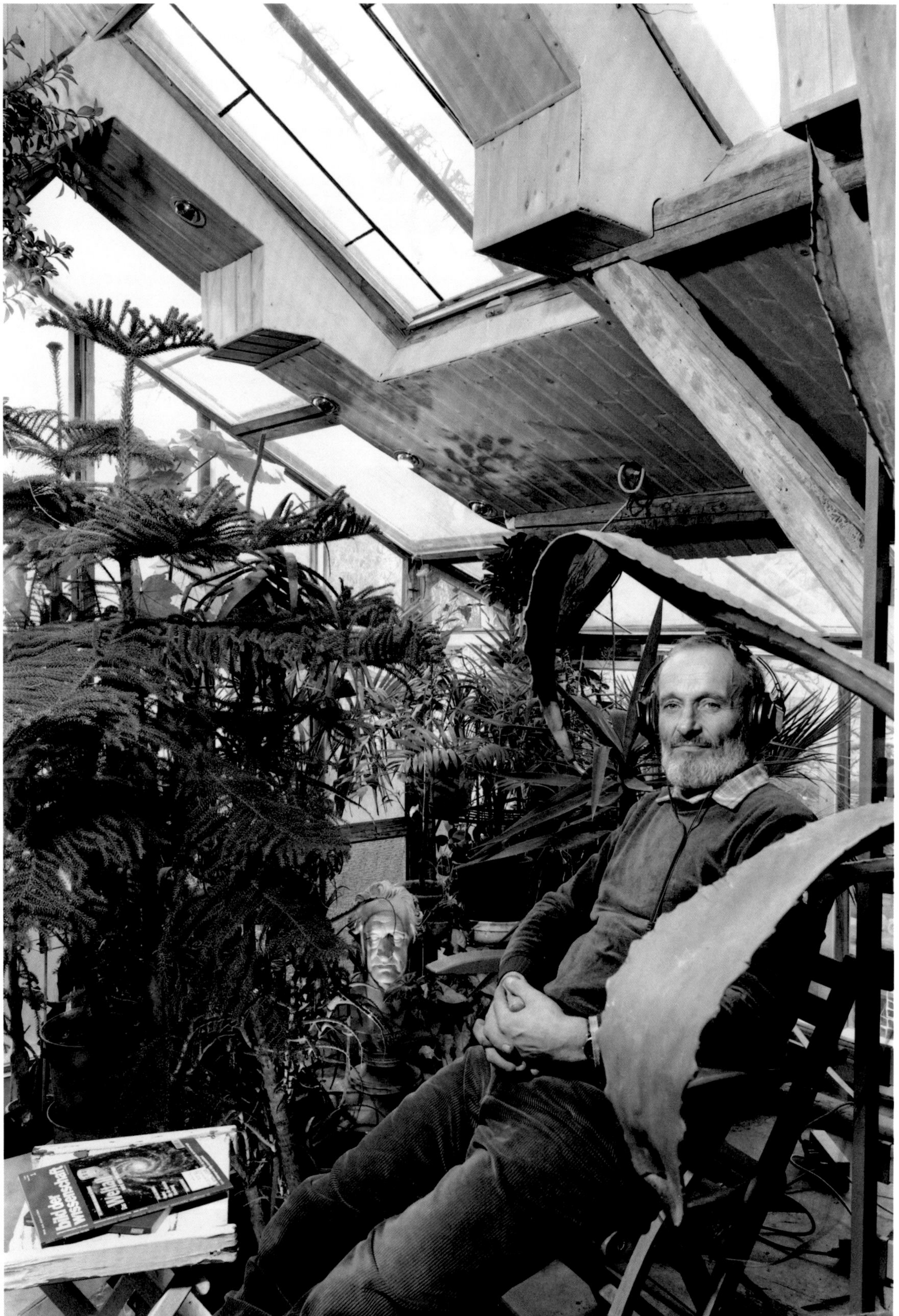
bild der wissenschaft

Seit 13 Jahren gibt es bei uns Familienidylle zu zweit, ohne femininen Touch.
Beim erfolgreichen Schulabschluß wird Daniels Traum wahr, stolzer Besitzer von 652 cm³ zu sein. Bis dahin ist der Anblick des bikes ihm täglich ein Ansporn. Im Vater einen Freund zu sehen, erleichtert meinem Sohn die Aufgaben des Alltags.
Der Gedanke, auf diesem Feuerstuhl zu sitzen, läßt selbst Goethes Büste schwitzen.

Karsten Huuck

Aus dem Jahre 1972 datiert meine nähere Bekanntschaft mit Weimar. Seitdem war ich der Faszination dieser Stadt erlegen, sie blieb auch nach Abschluß des Studiums an der Bauhochschule meine Wahlheimat.
Eine Jugendstilvilla bot meiner Familie genügend Platz, hochfliegende Pläne zu verwirklichen. Wohnen und Arbeiten sind unter einem Dach eng verwoben. War es nicht beim »großen Alten vom Frauenplan« ähnlich? (Seine Werke sind natürlich aus meiner Bibliothek nicht wegzudenken.) Ich sehe es als großes Glück an, meine Profession als Bausachverständiger mit großzügigen Wohnverhältnissen sinnvoll verbinden zu können.

Friedrich Weise

Johannes, mein erster Geiger aus unserem Quartett »Quo vadis«, kommt aus Frankfurt am Main, Daniel und ich sind aus Thüringen. Im Musikgymnasium in Belvedere bereiten wir uns auf das Studium vor. Ich will Violinpädagogin werden.
Die Schloßanlage hier im Park wird jetzt endlich saniert, unser Internat ist schon seit drei Jahren fertig.
Die Zimmer sind zum Wohlfühlen und die Büste ist zum Küssen. Unsere Deutschlehrerin erzählt uns oft von Goethe und Schiller. Über Goethe weiß ich vor allem, daß er immer fremdgegangen ist.

Simone Röder

Unsere Familien leben schon seit Generationen in Weimar.
Der Urgroßvater meiner Frau saß Modell für das Carl-Alexander-
Denkmal, mein Urahn war Goethes Hausarzt. So ist der alte Herr
für uns mehr als ein Gipskopf, mehr als ein Denkmal – er ist ein-
fach Teil unseres Lebens.
Seit kurzem wohnen wir in einem frisch sanierten Haus auf dem
»Hypotheken-Hügel«. Hier lebte vor 50 Jahren Karl-Heinz Hahn,
der Direktor des Goethe- und Schiller-Archivs, ein Freund meiner
Eltern.
Viele meiner Schüler aus 15 Jahren Schillergymnasium sind in
Weimar hängengeblieben, haben mich vielleicht als Präsidenten der
Stadtverordnetenversammlung bemerkt oder (seit 1993) als Rektor
der Musikhochschule.

Wolfram Huschke

Vor dreißig Jahren heiratete ich von Berlin hierher. Ich bin Maurer und verdiene bis heute mein Geld damit. Bisher habe ich mir noch von keinem Staat was schenken lassen. Die Wohnung habe ich alleine um- und ausgebaut. Meine Musikanlage ist mir das Wichtigste, weil ich gerne Punk höre.
Ich finde es schlimm, daß man in Weimar wieder die alten DDR-Marotten einführt und den Autonomen bestimmte Plätze verbietet. Auch verachte ich, daß die Bundeswehr vor dem Goethe-Schiller-Denkmal »Kriegsmaterial« austeilt ... ausgerechnet in Weimar, wo Buchenwald so nah ist.

Alfred Pielke

37

Als gebürtiger Weimarer kam für mich nie eine andere Stadt in Frage. Nach unserem Lehrerstudium folgte mir meine Frau aus Meiningen hierher. Wir leben mit meinen Eltern im Haus.
Der Dachboden ist jetzt unsere »Insel«, alles selbst entworfen und ausgebaut, die Söhne haben mit angepackt.
Als Oberbürgermeister dieser Stadt kommt man an Goethe nicht vorbei. Seine Aura ist allgegenwärtig.
Die Promotion schrieb ich zu seinem »Goetz von Berlichingen«.

Den Wissenschaftler Goethe schätze ich besonders, seine kleinen Gedichte mögen wir sehr.
Ich bewundere seinen Mut: Nach Italien ohne Abschied vom Herzog, in wilder Ehe mit einem Bürgermädchen – das waren handfeste Skandale.
Goethe heute in der Stadt? Das wäre nicht einfach für uns.

Volkmar Germer

Nach dem Studium an der Kunsthochschule Dresden übernahm ich 1983 die Plastikabteilung am Deutschen Nationaltheater Weimar. Meine Liebe zu Reptilien begann, als ich zum dritten Geburtstag von meiner Großmutter eine Schildkröte geschenkt bekam.
Heute umgeben mich viele Schildkröten, aber auch Schlangen, Echsen und Krokodile.
Seit einigen Jahren bin ich leidenschaftlicher Meeresaquarianer. Das Aquarium ersetzt den Fernseher. Meine Fische finden den prominenten Gast nicht genießbar, also uninteressant.
Ich habe durch meinen Beruf eine besondere Beziehung zu Geheimrat Goethe entwickelt. Nachbildungen in allen Größen und Formen bis zum berühmten Denkmal sind in meinem Atelier entstanden, die Theaterbühne verlangt immer wieder nach seinem Kopf.

Rainer Zöllner

Nachdem der Fotograf seine Kamera aufgestellt hatte, öffnete er
seine Reisetasche, holte eine leicht angeschlagene Goethebüste
hervor und bat mich, sie in meinem sonst karg eingerichteten Raum
aufzustellen. Der ungebetene Gast aus Gips irritierte mich.
Ob das denn wirklich sein müsse, fragte ich. Es mußte.
Egal. In Weimar ist sowieso alles irgendwie mit Goethe, und in diese
Stadt wollte ich ja schon immer, seit ich als Student eine Woche
lang in Buchenwald war …
Weimar gilt als Spießer-Stadt, aber Spießer gibt es auch in Tokyo
und New York. Die Vergangenheit, die für viele erdrückend ist,
gibt auch Sicherheit. Nicht, um bürgerlich zu schlafen, sondern um
Visionen zu träumen und zu denken.
Ich sehe Weimar als eine Stadt, deren wirklich große Zeit erst
kommt. Da nehme ich den Gipskopf hin.
Wenn ich wieder allein bin mit dem italienischen Holzbrett, das mir
das heilige Maß der Klassik täglich vor Augen führt, und mit dem
finnischen Sessel, der mich seit 1967 in jede neue Stadt begleitet,
dann denk' ich an Weimar in der Nacht und auch am Tag und was
man alles aus Weimar machen könnte.

Hansjoachim Gundelach

41

Aus einer Kämmerei in Hanoi bin ich 1987 als »Vertragsarbeiterin«
in die DDR delegiert worden. Das war eine Auszeichnung.
Nach 1990 verkaufte ich Blumen auf dem Weimarer Markt.
Inzwischen habe ich das Restaurant »Ginkgo« am Schloß.
Meine Söhne helfen mir dort viel. Linh wird Gastronom, Giang ist
noch Schüler am Goethe-Gymnasium. In den Sommerferien fahren
die beiden nach Vietnam zu unseren Verwandten.
Die Wohnung ist zu eng für uns drei, wir werden bald in eine
schönere umziehen.

Nguyen Thi My

Ich bin gebürtige Weimarerin, 1996 zog ich in das nahe gelegene Gaberndorf. So kann mein Sohn weiterhin mit seinen alten Freunden in dieselbe Schule gehen.
Voriges Jahr lud ich Herrn Geheimrat Goethe ein. Noch etwas blaß bei dem Gedanken an die in Kürze stattfindende Eröffnung des Kulturstadtjahres kam er hier an, so daß ich ihn erst einmal zu Bett brachte.
Weimar hat den Vorteil, eine kleine Weltstadt zu sein, in der man sich kennt.

Ulrike Puff

Von Geburt an bin ich in Weimar, es ist halt meine Heimat.
Die Wohnsituation? Schrecklich!
Seit sechs Jahren warten wir auf eine andere Wohnung. Fünf
Jungen schlafen jetzt in einem Zimmer mit 13 Quadratmetern.
Meine größte Angst ist die alte Stromleitung, seit einem Jahr
provisorisch repariert. Eines Tages brennt die Wohnung!
Kein richtiger Hof, kein Garten, Krach und Staub von der Straße.
Man müßte noch viel mehr tun, um das Erbe der Dichter und
Denker in unserer Stadt zu würdigen.
Wer schreibt heute noch einen »Faust« oder einen »Handschuh«?

Angelika Rudatt

45

Zu jedweder Gelegenheit wie Ungelegenheit mit einem Goethe-Zitat aufzuwarten ist kein Kunststück. Hier in Weimar fällt mir am häufigsten ein: »Du gleichst dem Geist, den du begreifst.« Und wenn ich an so manchen besenscheuen Zeitgenossen denke: »Ein jeder kehr vor seiner Tür, und rein ist jedes Stadtquartier.« – Weit schwieriger ist es, mein Verhältnis zu Goethe, das auf einer horrenden literarischen Ungleichheit basiert, in drei vernünftige deutsche Sätze zu pressen. Nein, dies ist geradezu unmöglich. Allein der Respekt gebietet: Zurückhaltung. Am meisten bewundere ich, daß er Weimar von 1775 bis an sein Lebensende ausgehalten hat und wie er sich an diesem Ort zu bewahren und bewähren wußte.

Wulf Kirsten

1964 habe ich einen Weimarer geheiratet. Wir zogen 1969 hier ein.
Seitdem soll das Dach gemacht werden.
Es war damals sehr schwer, diese Möbel zu bekommen.
Das Radio gehörte meinem Mann, das hatte er mitgebracht. Es spielt
immer noch. Mein Mann ist 1984 verstorben, er war ein begeisterter
Hobbyfotograf. Ich hab' mit ihm und mit unseren Gästen alle klassischen Stätten besucht.
Jetzt komme ich durch mein Asthma leider kaum noch aus dem Haus.
Früher habe ich als Köchin gearbeitet.

Johanna Psotta

Der Weg nach Weimar – Schicksal, Zufall? Keineswegs. Vielmehr ergab sich für mich als Hotelier die einmalige Chance, für die Dorint Hotels & Resorts ein elegantes Hotel am Beethovenplatz, direkt hinter Goethes Residenz neu zu eröffnen – ein Wohnhaus neben d e m Wohnhaus eben!
Seit Mai 1997 schalte und walte ich nun mit meiner Frau Silke in unserem neuen Zuhause. Die täglichen Rundgänge durch die beiden historischen Villen des Hotels vermitteln einem selbst heute noch ein erhabenes Gefühl.
In der kleinen schicken Turmsuite, in die wir uns hin und wieder zurückziehen, empfindet man eine fast körperliche Nähe zum berühmtesten Sohn der Stadt. Beim Blick aus dem Fenster, direkt in den Garten des Goethe-Wohnhauses, könnte man mit Christiane bei der Gartenarbeit geradezu ein nachbarschaftliches Pläuschchen halten … ganz wie zuhause – in Weimar.

Kai Petry

1972 reiste ich das erste Mal nach Weimar. Ich hatte Gänsehaut – im positiven Sinne: denn noch nie war ich mit der Geschichte derart konfrontiert worden. Der Begriff »Heimat« wurde für mich plötzlich wieder ganz konkret.

Natürlich reizt mich der Gedanke, nach Weimar zu ziehen. Allerdings ist er gegenwärtig wenig realistisch. Es wäre absurd, hier irgendein Haus zu bewohnen, zu dem ich keine historische Beziehung habe. Bei den Aufenthalten in Weimar wohnen wir im »Dorint«-Hotel, weil hier unser Verwaltungsgebäude stand.

Weimar ist das Produkt von Mäzenatentum. Hätte Großherzog Carl-August Goethe nicht die einzigartige Möglichkeit zur freien Entfaltung gegeben, wäre er wahrscheinlich sehr schnell wieder abgereist. Goethe war ein freier Mann, ein kritischer Geist, aber auch ein begnadeter Egozentriker.

Diesen ganzen »Goethe-Kult« halte ich für ausgesprochen schädlich, weil er die Vergangenheit zu schmalspurig darstellt.

Man wird Weimar nicht gerecht, wenn man es auf Goethe und Buchenwald reduziert.

Weimar hat zwei Seiten: Die deutsche Hochkultur in ihrer ganzen Breite und die deutsche Unkultur, wobei man beides sorgfältig trennen sollte.

Für die Zukunft Weimars habe ich zwei Wünsche: daß die Stadt mit ihrer Geschichte ins Reine kommt und daß in Weimar etwas einzieht, das man mit »Stil« bezeichnen könnte. Stil ist für mich die Fähigkeit, die eigene Person in den Hintergrund zu stellen und das »Ensemble« Weimar in den Vordergrund.

Michael, Prinz von Sachsen-Weimar und Eisenach

Ich wohne jetzt vier Monate in diesem Haus, bin aber schon 1998 von zu Hause weg und habe dann drei Monate in der Mädchenzuflucht in Erfurt gewohnt. Mit mir in einer WG leben Lenshina aus Kamerun und Florence aus Sierra Leone. Die Stiftung »Dr. Georg Haar« betreut uns Jugendliche rund um die Uhr.
Mein Zimmer habe ich selbst gemalert und die Möbel habe ich mir auch ausgesucht (sie gehören aber der Stiftung).
Das Stofftier ist von zu Hause und schon sehr alt, etwa 10 Jahre.
Eine Büste würde ich mir auch hinstellen, aber nach Möglichkeit einen jüngeren Mann.

Christin Kluge

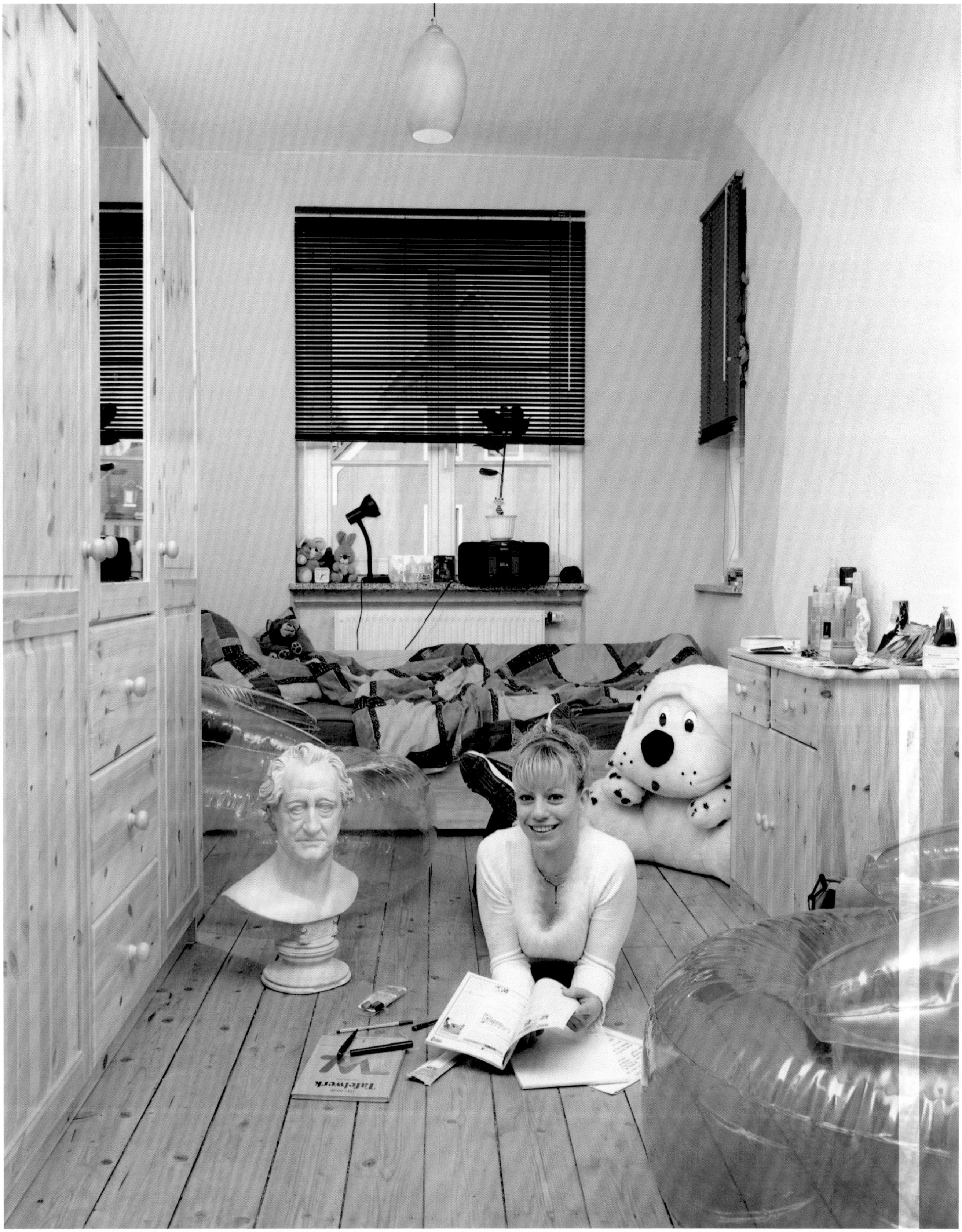

Licht fällt zu Boden,
der Regen peitscht dir beinahe ins Gesicht,
stoppt erst kurz vor dem Tisch.
Oft spürst du die Stärke des Windes –
Diener der Vergänglichkeit.
Zurückkommen an einen Ort, von dem du weißt,
daß er dich auffangen wird,
in großzügiger Geborgenheit, egal, wie fern du ihm auch warst …
… jetzt mach doch mal die Musik leiser, ich will fernsehen …

Constanze Freund und Thomas Adapoe

53

Im November 1989 wurde ich Korrespondent des ZDF in der DDR, die plötzlich transparent war.
Beim ersten Besuch in Weimar war ich konsterniert über den allgemeinen Verfall in der Stadt, in der deutsche Identität am sichtbarsten wird. Heute, nach fast zehn Jahren, schaue ich wieder aus dem Fenster des Hotels »Elephant« auf den Marktplatz und auf ein neues Weimar. Wenn ich wählen kann, suche ich immer ein Hotelzimmer in der Innenstadt, mit Blick auf das Zentrum.
Der Goethe ist für mich ein übermächtiger Bezugspunkt, weil ich überall in der Welt dem Goethe-Institut begegne, nicht nur in literarischer Form, sondern als Spiegel, den die Deutschen der Welt vorhalten wollen.

Bei der Wiedereröffnung des Goethe-Instituts in Washington sagte ein Junge an der Straße, Goethe sei bestimmt »a men from Europe«. Ich glaube, daß Goethe der Gedanke gut gefallen hätte, wenn er im Ausland als Europäer gesehen würde.
Da ich zum überzeugten Europäer geworden bin, ist mir wichtig, daß Goethe ein Vorreiter der europäischen Idee war und er sich mit Leuten umgeben hat, die ihm bei diesem Gedankengang gefolgt sind. Und das in einer Zeit, als Deutschland in dreihundertfünfzig Einzelstaaten zerfitzelt war.
Goethe gestatte ich immer gern einen Seitenblick in mein Leben.

Dieter Kronzucker

Ich bin eine echte Weimaranerin, 1904 geboren. Mein erstes Buch »Die Altenburg« erzählt die Geschichte des Hauses, in dem ich eine lange Zeit meines Lebens verbracht habe. Das Haus hatte viele prominente Bewohner, einer von ihnen war Franz Liszt. Seit einigen Jahren lebe ich im Marie-Seebach-Stift. Ich finde die Kleinheit des Raumes angenehm, hier ist mein Heim.
Wir hatten zu Hause die Sophienausgabe – 143 Bände Goethe. Wenn ich wollte, brauchte ich nur an den Bücherschrank zu gehen, so etwas ist wichtig und prägt ein Kind. Die Lebend-Maske Goethes habe ich vom Vater, dem Archivar des Goethe-Schiller-Archivs, geerbt. Sie ist ein Symbol für ein besonderes Ansehen der Welt. Nicht nur die Dichtung, auch Briefe und Gespräche Goethes sind von hohem Wert für mich. Sehr schätze ich seine Achtung vor Frauen, die von der großen Frau von Stein bis zur kleinen Christiane Vulpius ging.

Jutta Hecker

»Herr, laß dir gefallen/Dieses kleine Haus!
Größre kann man bauen/Mehr kommt nicht heraus.«
So hätte er vielleicht gesagt, der Zugereiste aus Hessen, beim Anblick dieses »Häusken« an der Feininger Kirche in Gelmeroda. Als Zugereister aus Nordrhein-Westfalen erwarb ich es 1995, um es vor drohendem Abriß zu bewahren. Auf der Suche nach der verlorengeglaubten Weimar-Geschichte meines Architekturbüros, die im Bauhaus wurzelt, lernte ich 1989 Gelmeroda kennen. Ich war entzückt von der Kirche und von dem Aschenputtel an ihrem Fuß. Dem ist auch nach behutsamer Sanierung die bescheidene Herkunft noch anzusehen.
Eine Goethe-Ausgabe steht hier nicht, dafür als Gast der Alte mit klassischer italienischer Kopfbedeckung, beschäftigt (natürlich!) mit Charlotte, die wohnt nun hier, Im Dorfe Vier.
Der Tausch ist gut: Gedicht gegen Hut!

Peter Mittmann

Weimar ist die Geburtsstadt meines Mannes. Sein Großvater
gründete hier 1929 eine Buchbinderei, die seit 1981 von meinem
Mann in der dritten Generation weitergeführt wird.
Sämtliche Werke von Goethe (die Ausgabe von 1853, in Leder
gebunden) gehören zum Privatschatz, geerbt vom Opa.
In meiner Schulzeit habe ich nur zu Goethe hinaufgeschaut, später
sah ich viele Ereignisse ganz anders. Oftmals fehlte ihm das Gefühl
dafür, zu seinen Mitmenschen netter zu sein, sie zu verstehen.

Renate Feder

Die Geschichte der Weimarer Feuerwehr begann vor 700 Jahren und ist in mancherlei Hinsicht auch mit dem Wirken Goethes verbunden. Als Minister, aber auch als hilfreicher Mensch, hat Goethe bei Löscharbeiten in Weimar und Umgebung als »Feuerwehrmann« und »Einsatzleiter« Hand angelegt und die Leute zur Bekämpfung der Feuerbrünste motiviert.
Unser Aufenthaltsraum wird auch für Fortbildungsveranstaltungen genutzt. Wenn die Hilfe der Feuerwehrleute nicht benötigt wird, schauen sie sich hier (manchmal mit dem Herrn Geheimrat) Lehrfilme an.

Hartmut Haupt, Leiter der Berufsfeuerwehr Weimar

Wurzeln in Weimar? Heimat ist sicherlich da, wo mein Mann ist und wo meine Eltern leben.
Jahre im Ausland verändern das Heimatgefühl.
Es geht uns gut hier. Ich empfinde es als Glück, viel in der Stadt unternehmen zu können und auch Ruhepole zu finden.
Erfurt ist nicht weit, doch Stuttgart ist viel näher.
Wichtig ist meine Couch, die geduldig meine Bücher mitliest und Rotwein in sich aufsaugt, ohne Flecken zu hinterlassen.
Wochenenden sind zum Bügeln zu schade. Da möchte ich mich Dingen zuwenden, die meinen Geist bewegen, aus der Ferne über Rezensenten lächeln …
Goethes Park versorgt mich im Herbst mit Goetheholunder, der in meiner Küche zu Goethegelee wird.
Wir leben in Weimar, aber Weimar ist nicht lebensnotwendig.

Johanna Theuerkauf

Arbeit hat man hier und weniger Sorgen. Jeder Tag ist wie der andere. Aber er ist ausgefüllt, und das lenkt ab.
Ich hatte das Abitur gemacht und eine Ausbildung zum Straßenbauer. Nach der Wende ging es bergab. Als Arbeitsloser habe ich zu trinken angefangen, dann kam noch die Scheidung.
Alkohol am Steuer im Wiederholungsfall – deswegen bin ich hier. Wenn ich 'raus bin, muß es ein komplett neuer Anfang werden.

Maik R.

61

19. 2. 1991 (Tagebuchnotiz)
Von Berlin nach Weimar … Weimar tut mir gut … Die Kargheit bringt mich zum Wesentlichen – ob in der Malerei oder im Allgemeinen –, auch das Kleine in Weimar … Sein eingestaubtes Antlitz muß man erst entdecken.

Februar 1999 (Tagebuchnotiz)
… Ich denke, daß Weimar zu etwas gemacht wird, ohne die eigenen Kräfte zu mobilisieren. Was wäre denn Geschichte ohne große Namen?!

Maud Tutsche

Als »Eliteschüler« wurde ich 1988 zum Architekturstudium in die
DDR delegiert. Ich stamme aus Südvietnam.
Das Hochhaus am Jakobsplan ist für's Studentenleben gut genug,
auch wenn die Zimmer etwas klein sind.
Weimar ist zwar berühmt, aber mir als Stadt zu eng.
In Vietnam wird Goethe in der Schule nur kurz als bedeutendster
deutscher Schriftsteller erwähnt.
Hier nutzt man ihn im positiven und negativen Sinne für die
Werbung aus.

Tran nho Hai

Nach der Geburt unserer Zwillinge 1989 zogen wir in diesen Plattenbau. Bad und Küche sind ohne Fenster, aber wir haben in jedes Zimmer Pflanzen gestellt. Außerdem sind überall in der Wohnung Engel zu finden – über dem Bett meiner Großmutter hing ein Bild mit Engeln, daher kommt mein Interesse an ihnen.
Wir sind immer in Sorge, daß mein Mann arbeitslos wird.
Er hat die Weimarer Tafel mit ins Leben gerufen, das ist ein Hilfsverein für Bedürftige. Oft ist er dafür bis abends unterwegs.
Wir haben nur einen kleinen Ford Fiesta, der nicht für alle reicht, aber dafür keine Schulden. Unser Traum von einem Eigenheim wird sich wohl nie erfüllen.

Christine Schüssler

65

Anders und doch mittendrin – so leben wir Karmelitinnen in Weimar-Schöndorf.
Seit September 1995 sind wir in Thüringen und wohnen seit Juli 1996 hier im renovierten Pfarrhaus.
Als kontemplative Ordensfrauen leben wir in einem ausgewogenen Verhältnis von Einsamkeit und Gemeinschaft. Vorrang des Gebetes, einfacher Lebensstil, Arbeit für den Lebensunterhalt und Raum für Stille prägen unseren Alltag. Zurückgezogen, aber dennoch – nach dem Vorbild der heiligen Teresa von Ávila – offen für die Sorgen und Nöte der Menschen, möchten wir fürbittend die großen Veränderungen und Umwälzungen unserer Zeit begleiten.
Ob der »steinerne Gast« sich wohlfühlte in unserem Kreis? Inzwischen ist sein Stuhl bereits besetzt. Eine Postulantin (Anwärterin) bereitet sich auf das Leben in der Ordensgemeinschaft vor.

Schwester Hildegard Lermer

Während eines öden Studiums – Bauingenieurwesen – besetzte ich 1987 mit meinem Freund ein Haus. Erst später fanden wir heraus, daß Goethe hier ein Jahr verbrachte, als er 27 war.
Das Haus gab mir die Möglichkeit, etwas Neues zu versuchen: Mit anderen ein Kulturzentrum aufzubauen. Seit zehn Jahren arbeite und wohne ich hier. Mein fast leeres »Wohnzimmer« liegt direkt unterm Dach, ist etwas verwinkelt und für mich die Alternative zu meiner eigentlichen »Wohnung«, der ACC Galerie. Ein Ort der Zurückgezogenheit, wo ich weg sein kann und doch da bin. Im Sommer versperren Lindenblätter idyllisch den Ausguck zur Uhrzeit am Schloßturm. Unten defilieren Kulturstadtkonfettiparaden vorbei. Die »Kulturstadt-Lederjacke« ist ein pflegeleichtes Alltagsbekleidungsstück, das im Miteinander von Künstlern und Galeristen für die Foto-Edition »Stadtrundgang mit Lederjacke« entstand.
Sie ist schon fast abgetragen.

Frank Motz

Wir sind Thüringer. Nach dem Medizinstudium in Jena zogen wir nach Weimar.
Vor einigen Jahren konnten wir uns unseren Traum von einem eigenen Haus und einer eigenen Praxis erfüllen. Nach dem Kauf des Hauses und seiner Sanierung fühlen wir uns hier sehr wohl. Weimar ist eine junge Stadt mit alter Geschichte, lebendig auch durch die Hochschulen und ihre Studenten. Mit Weimar als Klassiker- und Touristenstadt haben wir kein Problem.
An Goethe interessieren mich besonders seine Lebensumstände, Weimar ist durch ihn bedeutend geworden.

Birgit und Jens Mitscherling

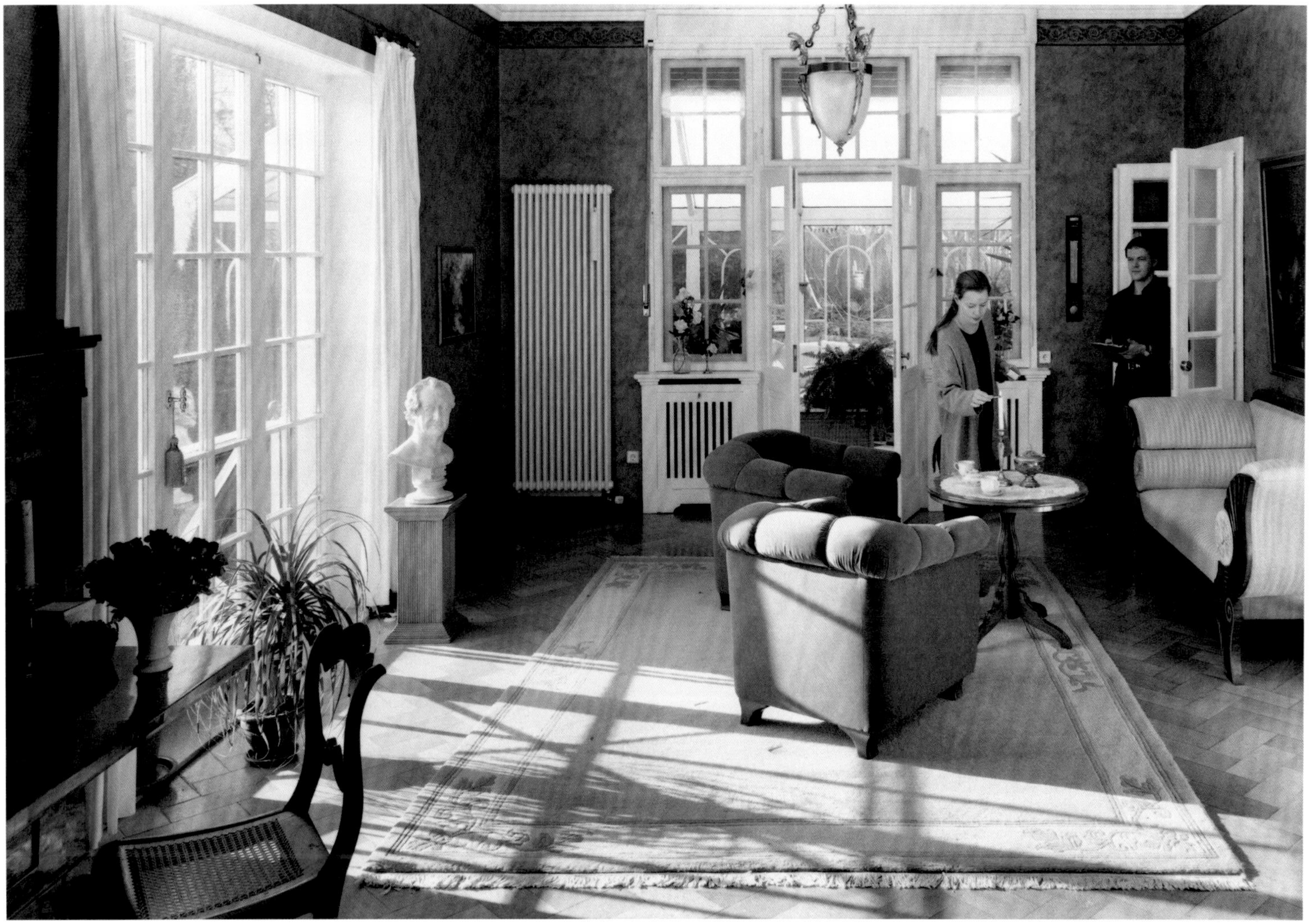

In Weimar zu leben ist – wenn auch nicht immer – ein Geschenk.
Beinahe im Goethepark die Wohnstatt zu haben, mit Blick auf
das Römische Haus, auf die herrlichen Buchenbestände an der Villa
des Ikonensammlers und Bibliophilen Georg Haar und auf das gerade
wiederhergestellte Musterhaus am Horn – das ist ein großes Glück.
Da nimmt man den Plattenbau in Kauf, ohnehin schon versöhnt
durch die Straßenbezeichnung »Dichterweg«.
Goethes gesamtheitliches Denken – Geist, Kultur und Natur – ist die
Botschaft, die meiner Frau, der Archäologin und Blumenmalerin und
mir, dem Geologen und Stadthistoriker, heute so wichtig erscheint,
um mit dieser Philosophie der bedrohten Natur tätig zu helfen.

Walter Steiner

Das harte Holz auf meinem Lieblingsplatz ist ein Ausgleich zum
Bürosessel in der Agentur.
Die neue Wohnung gehört zu unserer Zukunftsplanung: Für Kinder
ist der Platz schon reserviert. Wir wohnen nur wenige Kilometer
vom Zentrum entfernt – für Weimar ist das schon »auf dem
Lande«. Meiner Freundin Sabine ist Weimar zu klein, sie schwärmt
für Dresden und Rom. Aber ich bin hier geboren und zu Hause.
Freitags treffen wir am Nachmittag unsere Freunde im Café
»Frauentor« und lassen dort die Arbeitswoche ohne Supermarkt-
Streß ausklingen. Die Schillerstraße ist leider immer noch nicht die
Flaniermeile, die ich mir im Zentrum Weimars wünschen würde.

René Thäsler

Herr Geheimrat treten Sie näher! Seit zwei Jahren ist uns diese Lebenssituation aufgezwungen und wird wohl im Kulturstadtjahr 1999 noch andauern.
Vielleicht ist dieses Foto ein Punctum. Ein Zeitzeugnis der heutigen Modernisierungs- und Sanierungsblüten – auch das entwickelt seine Kultur. Ein Wohnzimmer kriegt man schon wieder hin.
Sich unangefochten auf seine Lebensinhalte konzentrieren, das Äußerliche bei Seite lassen heißt es da. Bilder malen hat seine eigene Magie, dahin tauche ich ab und hole mir meine Kräfte zurück, mit jedem geschaffenen Bild neu.
Hier spricht das Foto, festgehalten der Moment, so war es auch, ein Stück unseres Lebens. Wie wäre es mit »Faust«?

Anna Schuch

Als frischgebackenes Meister- und wenig später Ehepaar kamen wir 1966 aus Erfurt nach Weimar, um einen verwaisten Laden in der Altstadt zu übernehmen.
Weil das Haus vom Abriß bedroht war, kauften wir es 1982. Wir haben es mit Ehrfurcht saniert, schließlich hatte Christoph Martin Wieland einige Zeit in diesen Räumen gewohnt. Ich führe hier seit 33 Jahren ein Schirmfachgeschäft und habe jetzt außerdem ein kleines Schirmmuseum eingerichtet – das erste und einzige in Deutschland. Unter den seltenen Stücken sind auch einige aus der Goethezeit.
Mein Mann betreibt nahe dem Schillermuseum ein Graveurgeschäft. Dort wird oft nach Goethes und Christianes Trauringen gefragt, die er nach alten Vorlagen anfertigt.

Annelies Pennewitz

Ich bin hier zur Schule gekommen, jetzt bin ich neun Jahre alt.
Meine Eltern und meine große Schwester wohnen ziemlich weit
weg, am Freitag werden wir immer mit dem Auto abgeholt.
An dem Zimmer gefällt mir, daß es so groß ist und daß da die
Couch steht. Auf die setze ich mich gern zum Lesen drauf.
Ich schlafe mit Sylvana zusammen in einem Zimmer, weil sie noch
ein bißchen sehen kann.
Als ich den Kopf angefaßt habe, dachte ich, das ist irgendein
Mensch wie jeder andere. Er hat eine riesengroße Nase und steht
auf so'nem Sockel und ist Stein.
Wenn ich mal groß bin, möchte ich Sängerin, Schriftstellerin oder
Märchenerzählerin werden.

Lydia Lindemayer

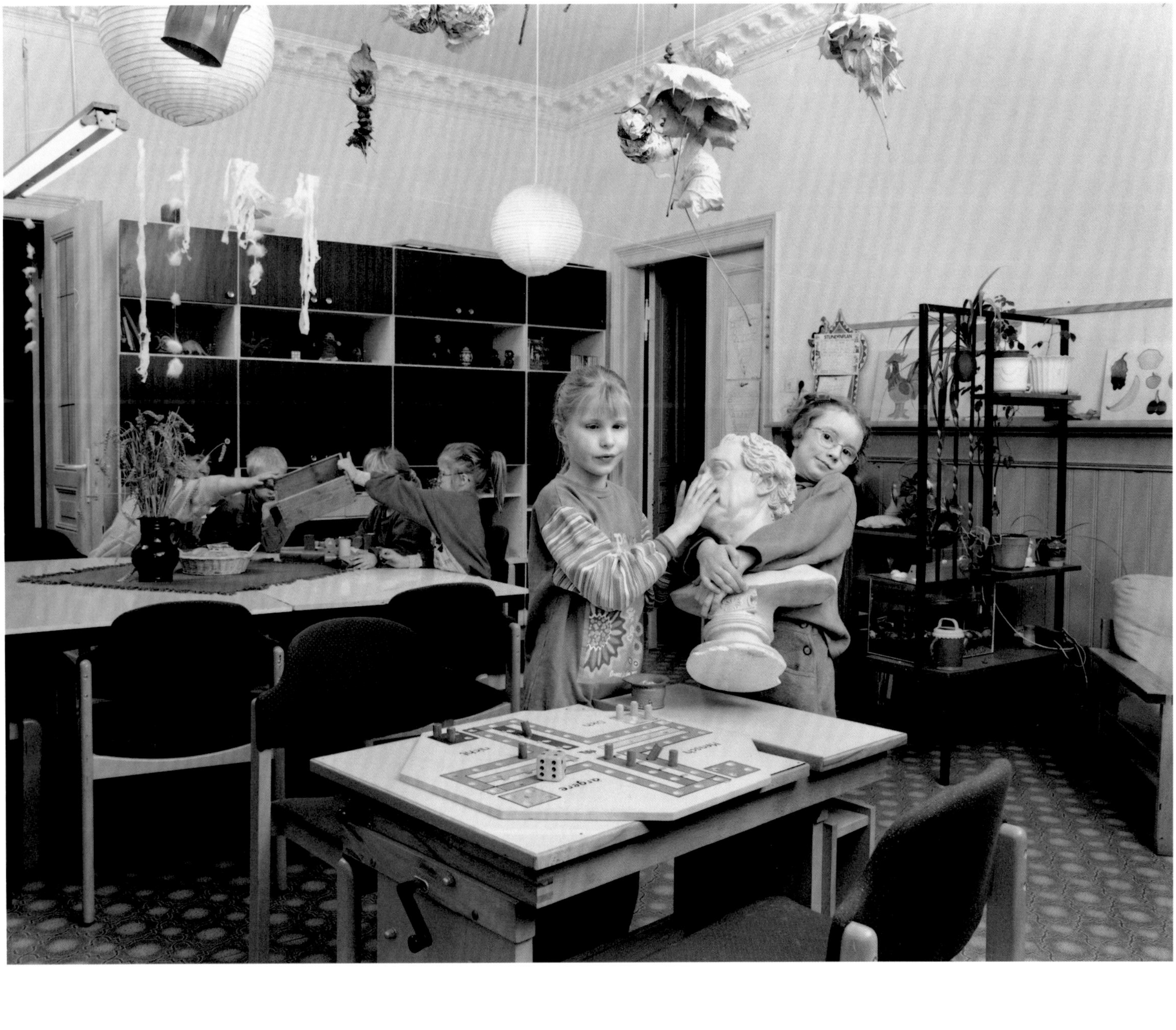

1993 kamen wir aus München nach Weimar. Die Generalintendanz am Deutschen Nationaltheater war eine besondere Herausforderung.
In diesem Jugendstilhaus fanden wir unsere Traumwohnung, unser »Nest« als ruhigen Gegenpol zur Theaterhektik.
Die einzelnen Möbelstücke stehen für bestimmte Lebensabschnitte in unserem Theaterwanderleben. Weimar wird nicht unsere letzte Station sein.
Goethe wäre heute für das Theater sicher ein schwieriger Partner. Schiller ist für mich der stärkere Dramatiker, der geistig umfassendere ist wahrscheinlich Goethe, aber beide sind Weimar.
Eine wunderbare Metapher für die Stadt ist das Denkmal am Theaterplatz: Wie Goethe idealisierend gleich groß mit Schiller dargestellt wird und wer wem wie den Lorbeerkranz reicht.

Günther Beelitz

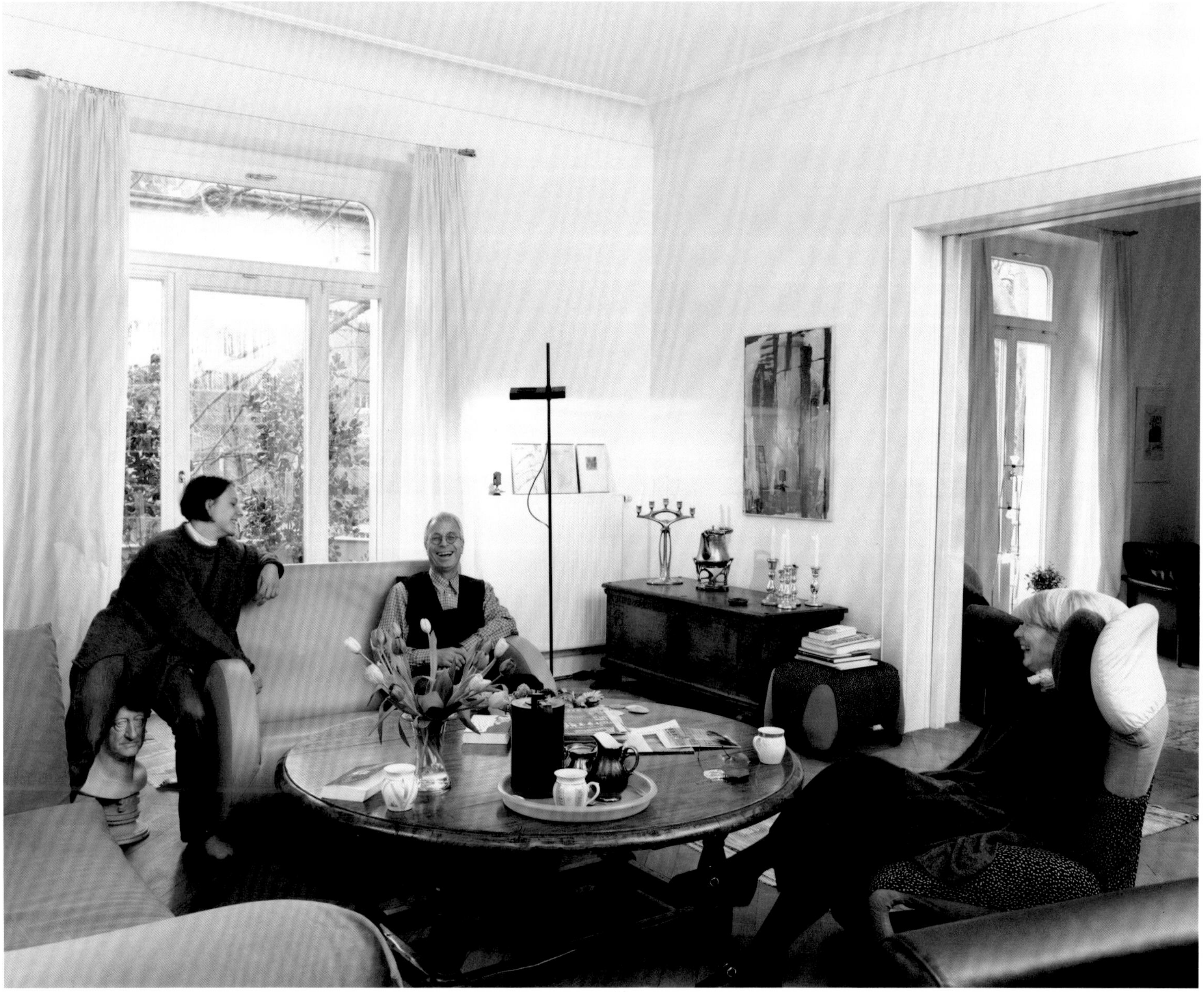

Die Taubacher Mühle – idyllisch an der Ilm gelegen – ist einer der ältesten Thüringer Mühlenstandorte und wurde 1120 erstmals urkundlich erwähnt.
Sie ist als gastliches Haus weit und breit bekannt. Freunde gehen hier ein und aus, und für Gäste steht die Tür immer offen.
Wohnhaus und Mühle unter einem Dach – das macht die ganz besondere Atmosphäre dieses Hauses aus.

Brigitte Burckhardt

Bis die Kinder kamen, war ich 15 Jahre Stationshilfe, dann zwölf Jahre bei der Bahn. Mein Mann hat am Bahnhof 25 Jahre gearbeitet. Seit vergangenen Sommer sind wir beide arbeitslos. Die Miete konnten wir dann nicht mehr bezahlen. Der neue Besitzer hat uns aus der Wohnung geklagt.
Ich bin froh, daß wir hier im Obdachlosenheim unsere Ruhe haben. Wie lange wir hier wohnen können, weiß ich nicht.
Unser Sohn Maik macht eine Lehre als Maurer. Ines arbeitet in einer geschützten Werkstatt, sie ist auch eine gute Hausfrau.

Renate Jansche

»… gehen, um in der Sonne zu bleiben. Willst du dich ausruhen, dann gehst du … und der Tag wird so lange dauern, wie du willst.«
»Das hat nicht viel Witz«, sagte der Anzünder, »was ich im Leben liebe, ist der Schlaf.«
»Dann ist es aussichtslos«, sagte der kleine Prinz.

(aus: Antoine de Saint-Exupéry, Der kleine Prinz, XIV)

Jan Tritschel

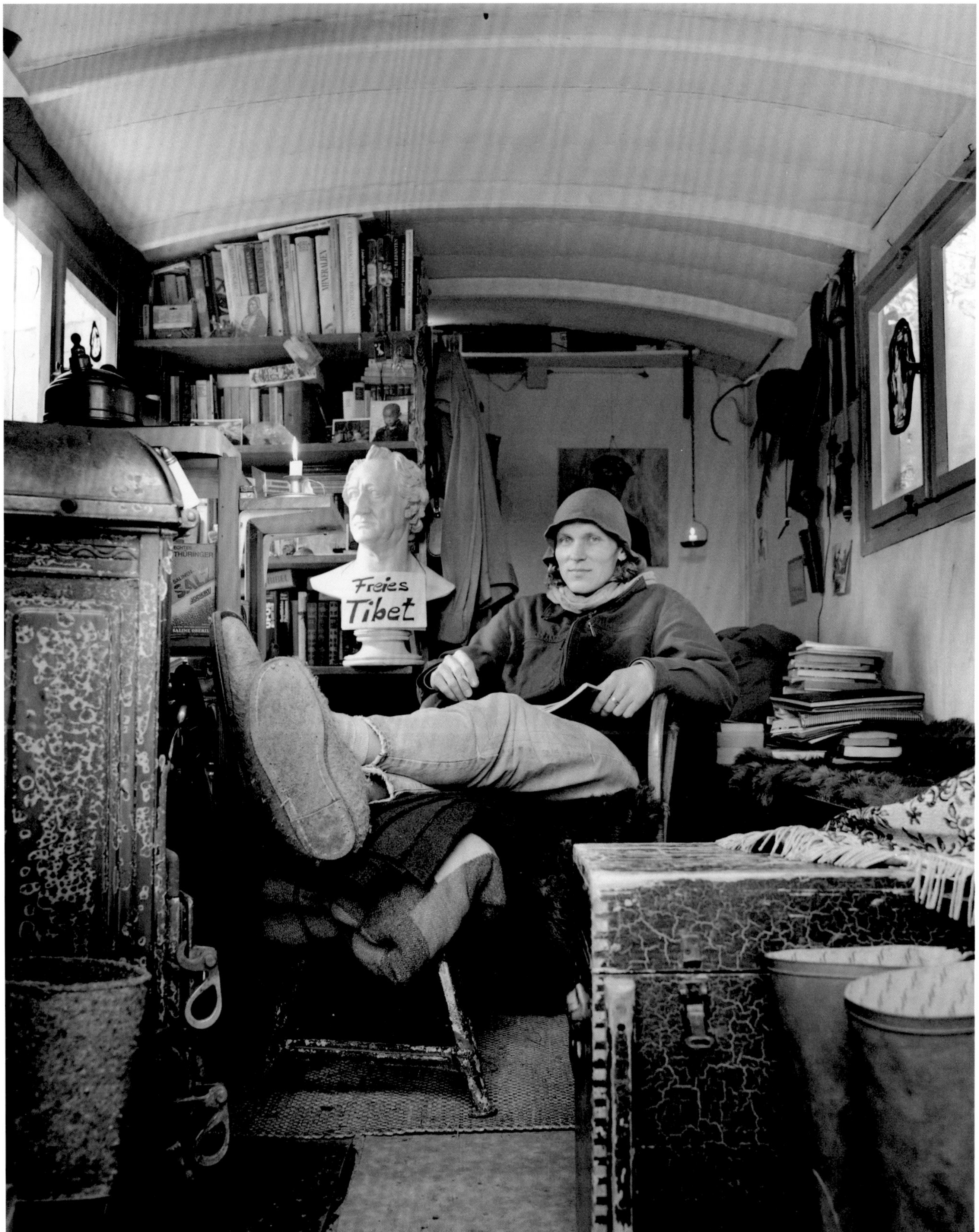
Freies
Tibet

Mit 18 Jahren kam ich aus Jena hierher, seit 1948 lebe ich in dieser
Wohnung im Haus der Frau von Stein. Mit dem Fremdenheim, das
ich hier führe, bin ich glücklich.
Das historische Lehmhaus hat eine gesunde, ruhige Atmosphäre,
die schrägen Wände sind gemütlich.
Gemeckert haben die Weimarer schon immer, aber ich glaube,
sie sind aufgeschlossene Menschen.
Heute sollte man nicht nur Goethe sehen, sondern auch die vielen
anderen großen Köpfe. Aber ohne Goethe wäre Weimar ein kleines
Ackerbürgerstädtchen geblieben. Er war seiner Zeit voraus.
Bevor man über Goethe urteilt, sollte man ihn lesen!
Der junge Goethe ist mir viel sympathischer als der alte.

Susanne Haaré

In den vergangenen fünf Jahren habe ich gemeinsam mit den Kunstsammlungen das erste regelrechte Museum für zeitgenössische Kunst in den neuen Bundesländern eingerichtet: Das »Neue Museum Weimar«. Meine Sammlung in Weimar zu sehen, hat mich natürlich beflügelt. Denn alles, worauf Weimar zu Recht stolz ist, war ja zu seiner Zeit absolut zeitgenössisch und »vorne« – von Cranach über die Weimarer Klassik bis zum Bauhaus!
Insofern mag der avantgardistische Charakter meiner Sammlung durchaus zum Geist Weimars passen.

Ich hoffe, daß diese Kunst auch dazu beiträgt, Weimar nicht zu einem erinnerungsseligen Kultur-Rüdesheim abrutschen zu lassen, sondern aktuell, wach und offen zu halten.
Die rund achtzig Nächte im Intercity-Hotel haben zum praktischen Arbeitscharakter meiner Weimar-Besuche bestens gepaßt: Ideal zwischen Bahnhof und Neuem Museum gelegen, ohne luxuriöse Extravaganzen, aber mit dem nötigen Komfort.

Paul Maenz

Das ist eine Kapitänsuniform von 1914. Mit dem Verein »Historische Uniformen« war ich schon zu Umzügen in Wien, in Moskau und
in Göteborg. Mein Interessengebiet ist die Geschichte Preußens. Seit 1960 wohne ich hier, in einem der sogenannten »Beamtenhäuser«, die im Dritten Reich gebaut wurden.
Ich bin gelernter Maschinenbauer, jetzt arbeite ich nachts bei einem Sicherheitsdienst. Man muß ja an seine kolossale Rente denken! Meinen Bedarf an Goethe habe ich in der Schule gedeckt. Nach jedem Theaterbesuch diese fürchterlichen Aufsätze! Goethe, Goethe über alles! Man wurde schief angeguckt, wenn man sagte, Schiller gefällt einem besser. Trotzdem darf er ausnahmsweise mal den Hut der Thüringer Schützengilde tragen.

Peter Feigenspan

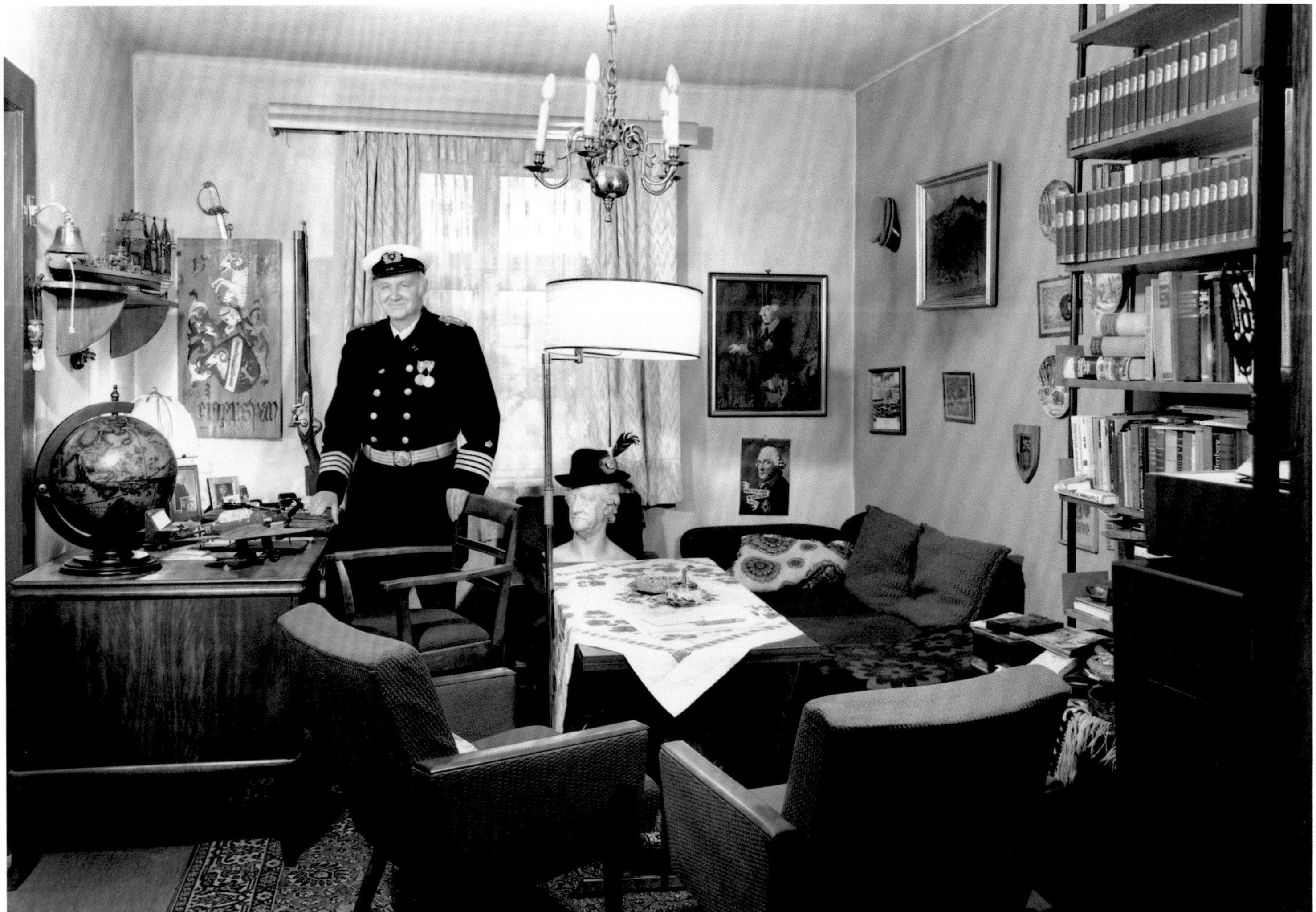

Auf der Suche nach einer gemeinsamen Wohn- und Arbeitsstätte für zwei Psychologen kamen wir 1978 eher zufällig nach Weimar. Im vorigen Jahr zogen wir in das neue Haus. Viel Licht von mehreren Seiten, ein freier Blick, die Stadtnähe, ein Arbeitszimmer und genügend Platz für die Kinder. Mit dem jetzigen Abstand zur Stadt läßt es sich ruhig leben.
Als Segelflieger und Fotoamateur kann ich mir auch ein Bild von oben machen. Aus diesem Blickwinkel erscheint Weimar wie eine große Parkanlage.
Eine Goethebüste gehört schon seit den achtziger Jahren zu unserer Wohnung. Goethes Spuren in der Stadt und der Umgebung erleben wir als sehr wohltuend.
Dafür bekommt er den Doktorhut. Goethe ist unter uns.

Manfred Materne

87

Ich wurde 1979 Stadtjugendpfarrer von Weimar. Die Stadt war ein
»Wunschort«. Schon seit langem bestanden Kontakte hierhin.
Kulturelle Bindungen, Freunde und vertraute Plätze hatten so etwas
wie eine Heimat geschaffen.
1995 bezogen wir das sanierte Haus in der Schwanseestraße.
Es wurde 1854 gebaut, hat eine Natursteinfassade und auch im
Inneren südlichen Charme. Es ist »Zuhause« für eine große Familie.
Weimar ist nicht vordergründig Traditionsstätte, aber Goethe
gehört schon ein bißchen dazu, nur aus der Ferne. Er steht am
Fuße der eigenen Vorstellungen vom Leben, von Liebe, von Kunst,
die nur ab und zu eine schwache Verbindung zu ihm finden.

Erich Kranz

Dieses hohe, helle Zimmer liebe ich an meiner Wohnung besonders. Der Tisch ist groß genug zum Essen mit meiner Tochter, zum Arbeiten und Aktenstapeln. Aus dem Fenster kann ich mit Gelassenheit über die Stadt hinaus sehen.
An Weimar liebe ich die Freunde, die hier wohnen, das Grün, die kurzen Wege und die Kreativität vieler Leute.
Goethe ist für diese Stadt so eine Art Übervater.
Mir kommen Menschen – auch tote Dichter – näher, wenn ich sie nicht mit heiligem Ernst betrachten muß.

Christine Schild

1993 kamen wir aus Zürich nach Weimar, weil ich an die Bauhaus-Universität berufen wurde.
Das genossenschaftliche Wohnen beschäftigt mich seit 1977, seitdem sind mehrere Siedlungen entstanden.
Unsere Wohngemeinschaft in der Lessingstraße umfaßt alle Altersgruppen und Strukturen. Wir verwalten uns selbst, sind zugleich Mieter und Besitzer. Treffpunkte sind das Gemeinschaftshaus und der Spielplatz. Die Nachbarschaft soll man hier nicht als störend, sondern als Ergänzung empfinden. Dazu gehört auch der Einblick in die Wohnzimmer und Küchen der anderen.
Mein Verhältnis zu Goethe ist kritisch. Ich glaube, Goethe als Feigenblatt ist für die Stadt eher ein Handikap.

Walter Stamm-Teske

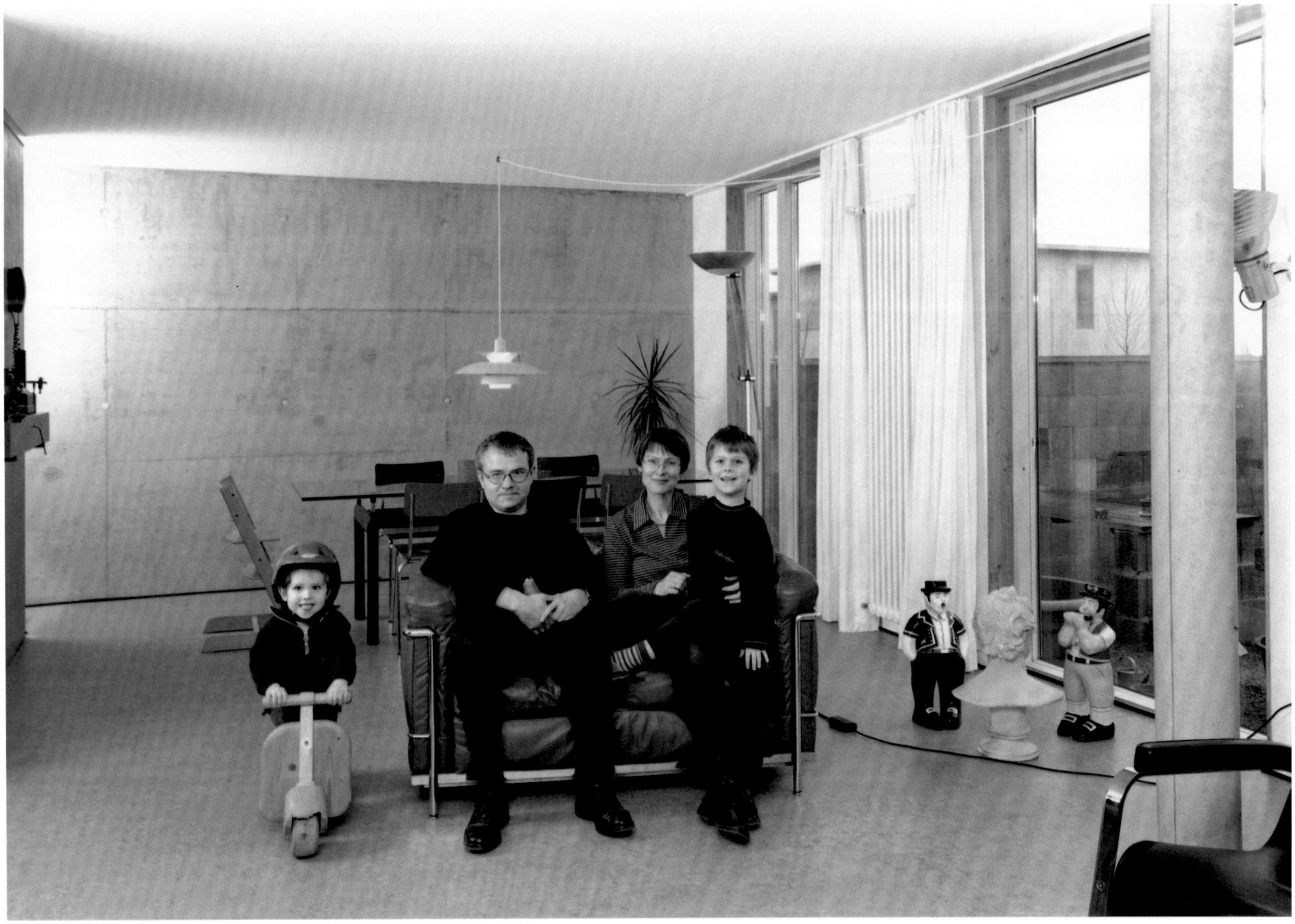

Geboren 1956 in Eisenach, wohne ich seit meinem zweiten Lebensjahr in der Klassikerstadt.
Hier leite ich seit 1980 das »Ensemble für Intuitive Musik« und seit 1988 das Festival »Tage Neuer Musik in Weimar«.
Mit Goethes Büste konfrontiert, improvisierte ich am Harmonium über den »Geist von Weimar«. Ist er verborgen, liegt er einfach in der Luft oder muß er immer wieder von neuem zum Schwingen gebracht werden?
Mich interessieren verbindende Kettenglieder zwischen den Künsten, zwischen Vergangenheit, Gegenwart und Zukunft. Dabei bin ich stets auf der Suche nach besonderen Orten, welche es ermöglichen, die Phantasie der Zuhörer zu beflügeln und sie für Neue Musik zu öffnen (zum Beispiel der Steinbruch Ehringsdorf oder die Parkhöhle).

Michael von Hintzenstern

Im Januar 1993 kam ich aus Brasilien hierher, um Gesang zu studieren. Zuvor hatte ich Weimar schon einmal besucht, weil Franz Liszt hier gelebt hat.
Mein Studium an der Musikhochschule habe ich inzwischen abgeschlossen, noch weiß ich aber nicht, an welche Opernbühne ich einmal gehen werde. Aber egal wohin – meine beiden Thüringer Katzen werden mich überall hin begleiten, ich würde sie sogar mit nach Brasilien nehmen.
In meinem Lied-Repertoire habe ich viele vertonte Goethe-Texte, darunter »Rastlose Liebe« von Franz Schubert oder »Mignon« von Robert Schumann.

Elaine Boniolo

Seit fünfzehn Jahren bin ich in Weimar. Die Stadt hat für mich genau die richtige Größe.
Hier in dieser modernisierten Neubauwohnung lebe ich seit 1997, der freie Blick über Weimar macht sie zu etwas Besonderem.
Goethe begegnete mir – wie vielen anderen – zum ersten mal in der Schule. Meine Deutschlehrerin schaffte es, ihn uns Schülern interessant zu machen. Damals wußte ich natürlich noch nicht, daß ich später in Weimar wohnen würde und er mir einmal so nahe kommt. Irgendwie ist der Geheimrat hier immer präsent: Paul besucht das Goethe-Gymnasium, ich mag das Goethe-Gartenhaus, und beim 60. Geburtstag meiner Mutter half mir der »Erlkönig« beim Reimen. Wenn man mir eine Goethebüste schenken würde, fände ich sicherlich einen Platz für sie. Lieber wäre mir aber eine Katze.

Heike Wittig

1982 standen wir auf dem Vergabeplan für eine rollstuhlgerechte Wohnung in Weimar – Platte, viel Baudreck über Jahre, kein Grün, aber eine Chance, endlich wieder nach Thüringen zu ziehen. Hier hatten wir einen großen Freundeskreis zurücklassen müssen, als es uns Jahre zuvor durch die DDR-Wohnungspolitik nach Aue verschlug. Das Umfeld im Neubaugebiet ist inzwischen grüner geworden, darum wohne ich noch heute hier. Schließlich läßt sich die Kübelkastanie auf dem Balkon nicht so einfach transportieren.
Auf meine Tochter habe ich meine Haßliebe zu Weimar übertragen, sie wohnt jetzt in Berlin, will aber noch immer alles von hier wissen. Hin und wieder ist Weimar einfach zu klein, ein Provinznest, das man doch schwer verlassen kann.
Und die Klassiker begleiten mich ständig, wenn ich mit dem Rollstuhl über die kopfsteingepflasterten Straßen rollen muß.

Sylvia Engel

Aus der Gegend um Berlin kamen wir 1965 nach Weimar.
Zwar muß man das Provinznest von Zeit zu Zeit verlassen, jedoch hat Weimar als Stadt der Kultur und des Geistes seine Faszination für uns nie verloren.
Wir wohnen in einem Haus, das der Architekt Rudolf Zapfe 1902, also vor einem Jahrhundert, gebaut hat. Vom Jugendstil-Erker öffnet sich ein Blick auf die alte Mühle an der Ilm.
Zapfe errichtete zahlreiche Häuser in Weimar. Wir wohnen also auch im übertragenen Sinne mitten in Weimars Geschichte – und müssen sie, frei nach Nietzsche, dennoch überwinden.
Wichtig ist, daß diese Stadt der bloßen Musealisierung widersteht und einen neuen Aufbruch wagt – wie es im Spannungsfeld von Klassik und Moderne hier wiederholt gelang.
Als Rektor der Bauhaus-Universität kommt es mir darauf an, an der Schwelle zum 21. Jahrhundert in Weimar Modernität durchzusetzen und neue Konzepte zu entwerfen.
Weimar sollte verstehen, daß es kein angestaubter Klassik-Ort, sondern eine junge Universitätsstadt ist.

Gerd Zimmermann

97

Ins Atelierhaus habe ich ein eigenes Haus eingefügt, es sitzt an der richtigen Stelle und macht keine Faxen.
Dem Raum fehlte etwas, und so behandele ich ihn wie eine vorgefundene unfertige Skulptur, die ich verändere, solange, bis es paßt. Habe ganz schön lange an der Treppe und der Form rumgedoktert.
Zu Goethe? Haben die anderen schon genug gesagt.

Stefan Dornbusch

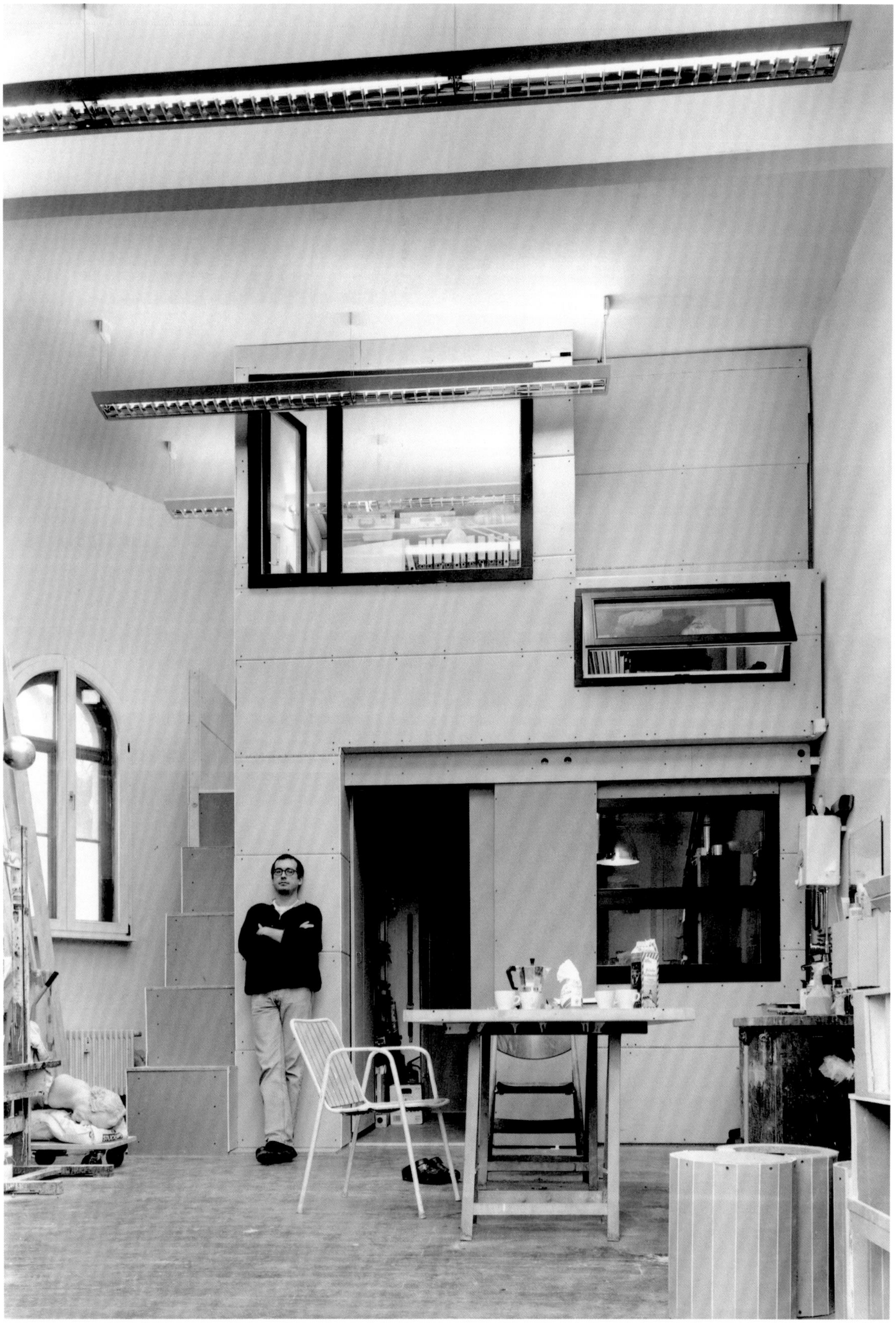

In dieser Mansarde wohne ich seit 1997. Die großen Glasflächen machen sie hell und sympathisch.

Mich beeindruckt nicht nur Goethes literarisches Werk, ich bewundere auch seine menschliche Größe. Schließlich heiratete er Christiane Vulpius, obwohl diese Ehe gegen die bestehenden gesellschaftlichen Konventionen verstieß.

Ich finde es unangemessen, wenn der Dichter heute für alles mögliche als Werbeträger herhalten muß – für Schnaps, für Schals, für Schnuller …

Weimar braucht die Balance zwischen Altem und Neuem. Es sollte nicht zu sehr »durchgestylt« werden und noch ein bißchen von seiner maroden Liebenswürdigkeit behalten.

Bärbel Kraft

Mein Wohnzimmer befindet sich bei meiner Familie in Hessen.
Das ist meine »Bude« für die Woche, mit verfluchter Vergangenheit:
SS-Leute des KZ Buchenwald, sowjetisches Wachpersonal des
Speziallagers 2, »Kasernierte Volkspolizei«.
Die »Nationale Mahn- und Gedenkstätte Buchenwald« richtete die
Kasernen für Wohnungen und Verwaltung ein.
Hier wohne ich seit 1992 als Verwaltungsdirektor der Gedenkstätte.
Alpträume plagten mich oft in den ersten Wochen.

Goethe in Buchenwald? Oh, ich begegne ihm ständig: Die Goethe-
Eiche, unter der er gedichtet haben soll. Lagerstraßen deckungsgleich
mit alten Postkutschenwegen, 1999 in einer Schneise sichtbar
gemacht. Buchenwald wird Goethes Werke 1999 im Desinfektions-
gebäude präsentieren. Verkehrte Welt? Weimar ist gerade wegen
des Spannungsbogens von deutscher Klassik zur größten Barbarei
die Kulturstadt 1999 geworden.

Walter Mönch

Künstler mit eigenem Stil haben es in Weimar immer schwer gehabt. Henry van de Velde kam 1902 als berühmter Designer mit vielen Ideen hierher, fand wenig Verständnis am Hof und in der Gesellschaft und mußte 1917 als »Ausländer« (Belgier) regelrecht aus Deutschland fliehen.
Ich habe mich oft gefragt, was wohl Goethe zu van de Veldes Kreationen gesagt hätte. Man kann eine gemeinsame Zielrichtung erkennen: Es geht beiden um die Quellströme des Lebens und um ihre Gestaltwerdung im Alltäglichen und im Künstlerischen.
Aber für van de Velde war sein Institut auch »die fortschrittlichste Zitadelle der neuen künstlerischen Prinzipien« auf der »die Fahne des Aufstandes wehte«. Das hätte Goethe allerdings nicht gefallen, er war ein Feind alles Revolutionären.

Ich selber bin 1969 in dieses Haus »hineingeheiratet« worden. Mein Mann Friedrich Minckwitz, Cheflektor im Kiepenheuer-Verlag, starb schon ein Jahr nach unserer Hochzeit.
Für meinen Lebensunterhalt gab ich Klavier- und Flötenunterricht.
Im Laufe der Zeit haben 250 Kinder in den Räumen des belgischen Künstlers Unterricht erhalten.
Seit 1980 habe ich als Hüterin des Van-de-Velde-Hauses Weimarer, ihre Gäste und viele Gruppen geführt. Das Gästebuch dokumentiert deren Begeisterung.

Elke Minckwitz

103

Ich bin in Weimar zur Welt gekommen.
Mein Mann und ich haben 1971 ein kleines Häuschen im Grünen gebaut. Hier kann ich mich gärtnerisch verwirklichen.
Nach dem Tod meines Mannes habe ich mir Hund Julius als Beschützer angeschafft. AmTag bin ich viel mit ihm unterwegs, manchmal auf Goethes Spuren, im Goethe-Park, Schloßpark Tiefurt oder Belvedere.
Solange es das Wetter zuläßt, bleiben wir zwei auch im Winter im Gartenhäuschen.

Renate Raub

Seit 57 an Polio erkrankt, seit 62 in Weimar, seit 82 Unterarm-
stützen, seit 92 Rolli – ach du Arme, das tut uns leid.
Seit 98 nach langem Warten eine barrierefreie und bezahlbare
Wohnung. Ganz oben, kein Parterre. Was für ein Glück! Was für
ein Blick! Vergessen sind Arbeitsstreß, vergessen das Kopfstein-
pflaster, die baulichen und gedanklichen Barrieren. Ganz klein ist
die Bahn, sind die Autos, die Menschen, die Probleme – hier oben.
Und Goethe? Gast bei mir? Aber nur für wenige Augenblicke.
Er soll teilhaben an meinem Glück. Und soll sich erholen vom
Trubel und vom Gedränge, das ihn da unten erwartet.

Karin Stumpf

Hätte ich genügend »Knete«, würd' ich leben wie Herr Goethe.
Ginge bei der Frau von Stein nach Belieben aus und ein.
Ich wohne auch im Gartenhaus, manch' Weib kennt sich drin sehr gut aus.
Der kluge Kopf hat hier Asyl, der Spießer nur mein Mitgefühl.
Nach Kunstgenuß und Liebesglück ziehts mich in die Natur zurück.
Gern reise ich auf Goethes Spuren und grüß von ihm die römischen Huren.

Thomas Baumgarten

Wir sind beide gebürtige Weimarer und stolz darauf.
Als Musiker war ich viel unterwegs, es hat uns aber immer wieder hierher gezogen.
Nach der Wende hat es lange gedauert und Nerven gekostet, das Haus des Großvaters zurückzubekommen. Seit Ende 1995 wohnen wir darin. Probleme gab es mit dem Denkmalschutz, das Dach mußte genauso wieder aufgebaut werden.
Die Weimarer? Sind eigentlich stur.
Goethe? Zwar ein Hurenbock, aber für Weimar entscheidend. Er hat viel aus Italien mitgebracht. Die Touristen fragen uns laufend nach dem Goethehaus, wir wohnen ja gleich um die Ecke.

Kani

Seit Mai 1949 wohne ich in Weimar. Ich schätze das große kulturelle Angebot dieser Stadt, die doch so klein ist.
Mir gefällt die Lage des Hauses am Park. Mein Atelier gehörte in den zwanziger Jahren van Doesburg, dem Gründer der Stijl-Gruppe, und war ein künstlerischer Mittelpunkt der Stadt.
Die Sesselecke ist für meine Frau zugleich Arbeitsplatz. Hier sind schon viele Applikationen, Wandteppiche und Stickereien entstanden.
Goethe? Mag ich hauptsächlich als Dichter!

Horst Jährling

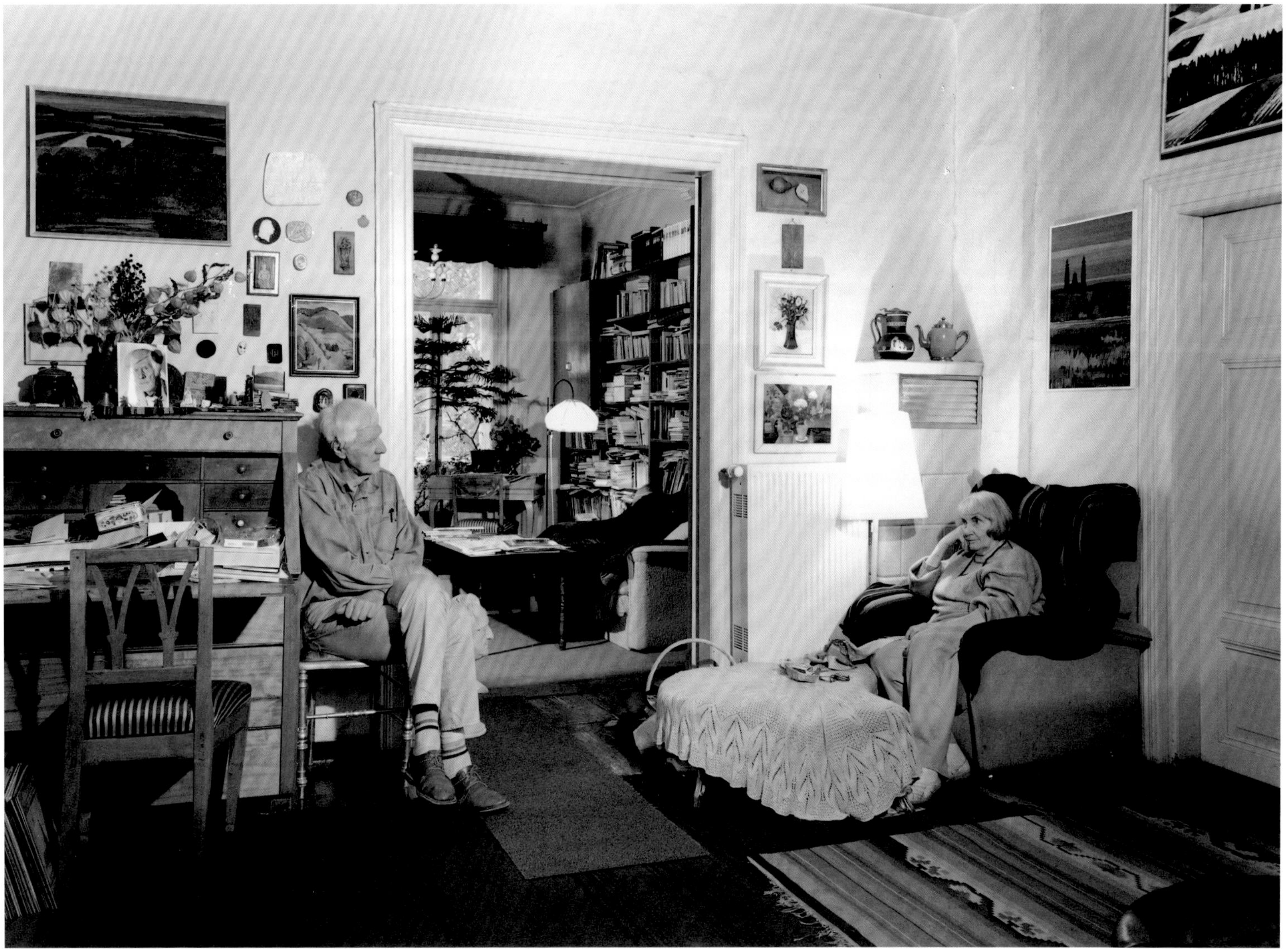

Seit September 1997 lebe ich überwiegend in Weimar – eine arbeitsbedingte Notwendigkeit, aber auch sehr angenehm.
Schöne Wohnung, riesig groß, jedoch nur bezahlbar, weil ein Kollege mit eingezogen ist. Trotzdem: In welcher Großstadt kann man sonst mit unserem Einkommen (Mitarbeiter an der Bauhaus-Universität) in einem großbürgerlichen Haus mit baumbestandenem Garten und jugendstilumranktem Balkon wohnen, in dessen Nachbarschaft einst Lyonel Feininger residierte?
Andererseits ist die Vergangenheitslastigkeit und Enge Weimars schwerster Standortnachteil: Alles scheint Erinnerung, von Goethe bis vorgestern, alles ist nah. Zehn Minuten irgendwohin und man hat fast alle Leute getroffen, die man kennt, ob man sie gerade sehen will oder nicht.
Goethe kann man auch lesen, wenn man nicht in Weimar gewesen ist, ja »sein« Weimar übertrifft ohnehin das real existierende.

Gernot Weckherlin

Ja, da stehe ich nun, habe mir das Kostüm der Elfe aus dem
»Sommernachtstraum« des Dichterkollegen William übergestreift
und halte diesen Gipskopf in meinem Arm. Wie einen Geliebten?
Ich mag ihn, wenn ich seine Figuren mit Leben erfüllen kann.
So wie ich es tat als Gretchen und Klärchen, als Iphigenie und
Tasso-Prinzessin, als Cäcilie in »Stella« und als Helena.
Ja, da hat mir der Dichter Goethe Spaß gemacht.
Und der Mensch? Warum hat er als Weimarer Politiker trotz
Protesten aus der Bevölkerung das Todesurteil einer Kindsmörderin
unterschrieben? Und wie hat er den Lenz behandelt? …
Eine gespaltene Persönlichkeit – jedenfalls stelle ich mir seine Büste
nicht ins Wohnzimmer.

Rosemarie Deibel

Wir kamen im Herbst 1993 mit unserer Familie nach Weimar. Meine Geburtsstadt Trier ist die Partnerstadt von Weimar, im Rahmen dieser Beziehung bot sich mir die Gelegenheit, hier eine Apotheke zu eröffnen. Meine Frau, die Malerin ist, kann von Weimar aus ihre internationalen Verbindungen gut entwickeln. Gleiches gilt für mich als Jazzmusiker. Unsere Freunde aus aller Welt kommen sehr gerne hierher zu Besuch.
Nemo, der Weimaraner, hat Goethe zum Fressen gern.

Michael Trierweiler

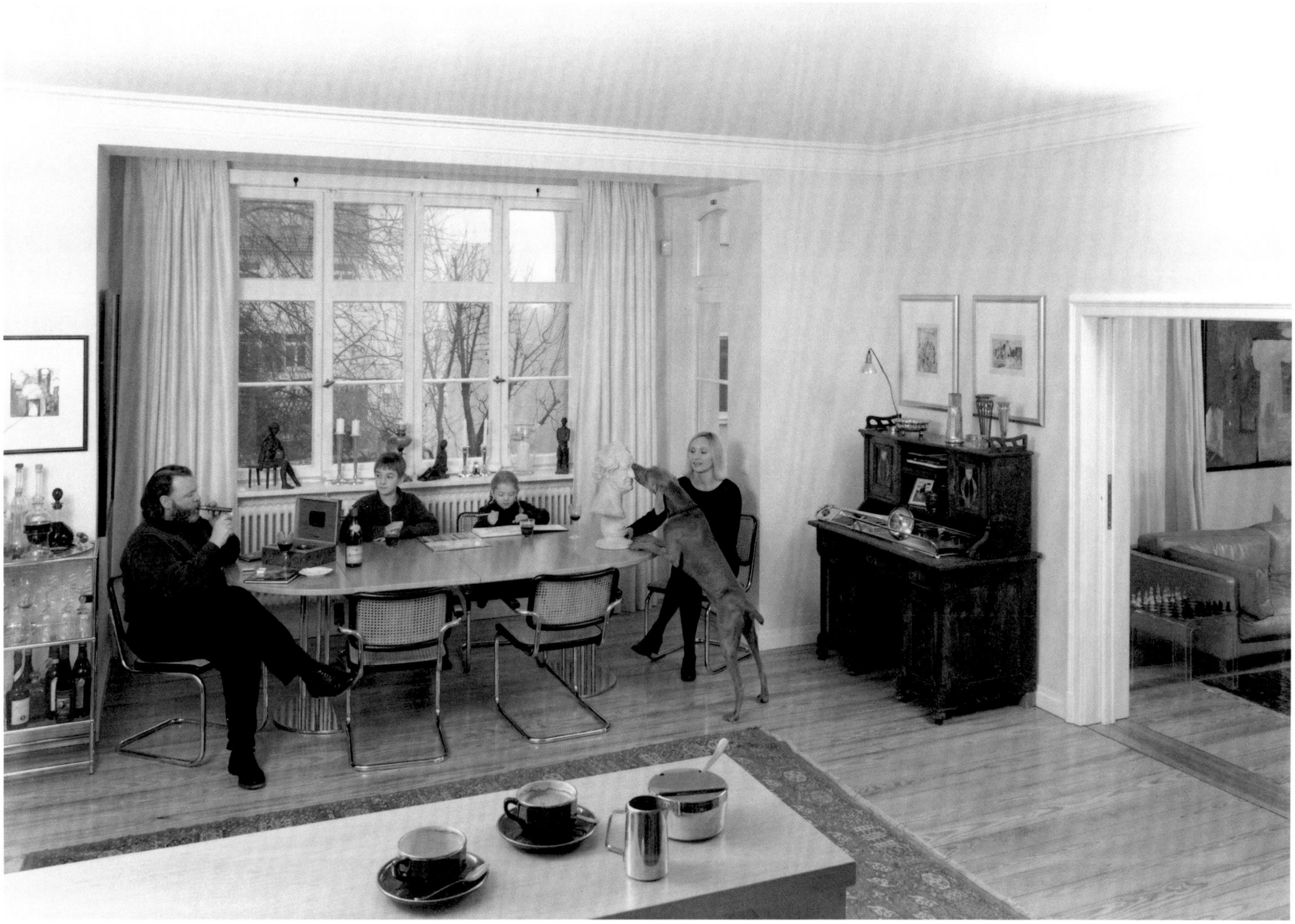

Ich war als Koch im Russischen Hof und anderen Weimarer
Gaststätten beschäftigt.
Nach der Wende bin ich durch Süddeutschland getrampt. Die Berge
gefallen mir besser als diese Gegend hier.
Dort unten habe ich als Koch gearbeitet, aber nach einem Jahr
haben sie mich wegen Alkohol rausgeschmissen. Dann bin ich
zurück nach Weimar, mein Vater war inzwischen gestorben.
Weil ich die Miete nicht bezahlen konnte, verlor ich die Wohnung.
Und eine Arbeit habe ich auch nicht mehr.
Im Sommer schlafe ich irgendwo draußen, den Schlafsack verstecke
ich am Tag. Den Wohnwagen haben rechte Jugendliche demoliert.
Aber hier ist es besser als im Freien zu schlafen, wenn's kalt wird,
Wohnung und Arbeit sind das Wichtigste für mich.

Matthias P.

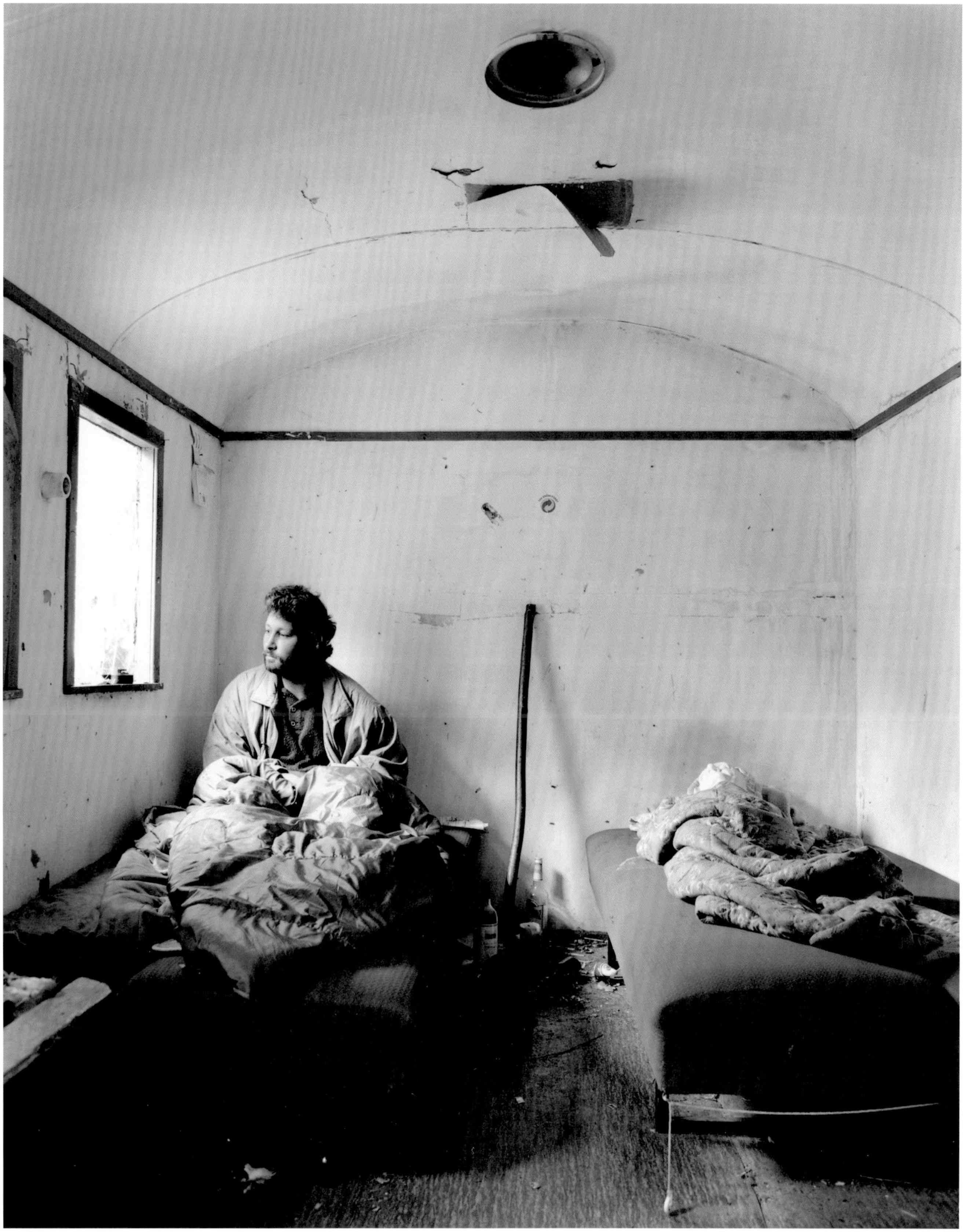

Goethe? Ich liebe ihn. Besser wäre es nur, er würde zusammen mit Christiane statt mit Friedrich auf dem Sockel stehen. Auch sie hatte Lorbeer gern. Trotzdem finde ich es sympathisch, daß Schiller in unser Wohnzimmer schaut.
Seit zwanzig Jahren genieße ich den Blick auf den geschäftigen Platz, der vom Klicken der Fotoapparate, von Männerchören, Einkaufstaschen und Politikern aller Couleur bestimmt wird. Das Poetische, das er hat, steht auf dem Sockel.
Neben diesem Gewimmel ist unsere Wohnung eine private Nische.
Der Fisch? Eine Erinnerung an Sibirien. Er ist eine gedörrte Reserve, von der vielleicht noch meine Enkelin zehren kann. Und er ist auch in einem Wohnzimmer schön. Das erkläre ich als Professor für Ästhetik.

Olaf Weber

Ich wohne seit frühester Jugend in Weimar. Mein Herr Schmidt kam 1992 aus Wolfenbüttel, der Geburtsstadt Anna Amalias hierher, um als Verwaltungsdirektor in der Stiftung Weimarer Klassik zu arbeiten. Seitdem bewohnen wir das »Alte Kammerfrauenhaus«, welches zum Wittumspalais der Anna Amalia gehört.
Mit Herrn von Goethe hat mein Mann beruflich zu tun. Wir schätzen an ihm die Bandbreite seiner wissenschaftlichen Betätigungen.
Die zweite Büste stellt Herrn von Langen dar, den Begründer der Fürstenberger Porzellan-Manufaktur. Sie ist ein Geschenk, das mein Mann während seiner früheren Tätigkeit in der Herzog-August-Bibliothek Wolfenbüttel erhielt. Das Bild des »Alten Fritzen« war eine Gabe von Vater Schmidt an seinen vierjährigen Sohn Manfred-Udo als Sinnbild »preußischer Gradlinigkeit«.

Doris Schmidt

Angekommen in Weimar. Aus Niedersachsen über Köln, Regensburg und München. Angekommen? Rastlos vergeht die Zeit: Familie, Freunde, mehrere Umzüge innerhalb der Stadt, Berufe und ein bißchen kommunale Politik, kaum Zeit zum Verschnaufen.
Inzwischen nicht mehr allein mit Hund Belenus. Tochter Malin und Sohn Florian kamen dazu.
Haus mit Garten in »unserem Viertel« gefunden, ehrwürdige hundert Jahre alt. Liebe auf den ersten Blick. Einzeldenkmal! Hier wohnte der Oberhofmarschall v. Palézieux. Jedenfalls die Qualität der Bausubstanz adelt – aber wen? Endlich: Angekommen in Weimar.
Die Bank freut sich. Wochenenden auf der Baustelle. Malin: Papa (Jurist) ist im neuen Haus, er arbeitet das erste Mal.
Goethe 1999? Florian beim Frühstück: Schaut mal, mein Brot sieht aus wie ein Nilpferd – Goethe und Schiller sind tot, die hat mein Nilpferd gefressen. Mutter und Steuerberaterin: Ich werde mich mehr mit der Vulpius beschäftigen.
Ich hätte ja lieber eine Schillerbüste, aber nur wenn sie sagte:
Wer sich über die Wirklichkeit nicht hinauswagt, der wird nie die Wahrheit erobern.

Michael Hasenbeck

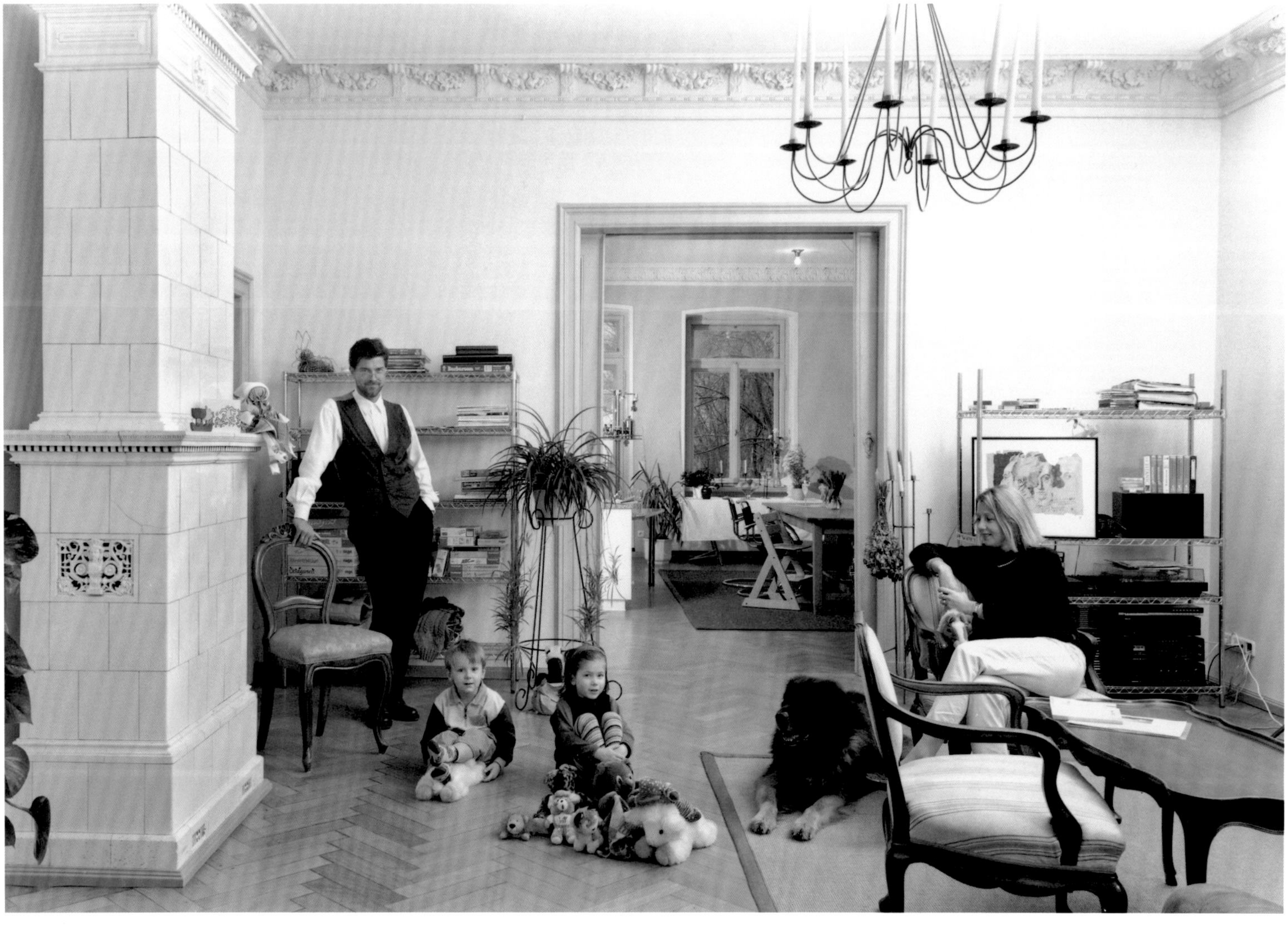

Ich bin von Geburt an fast blind, aber ein ganz kleines bißchen kann ich noch sehen. Seit 1954 wohne ich im Blindenheim Zöllnerstift. Das Bett und den Sessel habe ich mitgebracht, die anderen Möbel gehören der Stiftung. Viele Jahre habe ich in der Blindenwerkstatt gearbeitet und Bürsten gefertigt.
Mein Mann war auch blind. Er ist vor einigen Jahren gestorben.
Mit ihm bin ich früher oft ins Theater gegangen. Im Kino haben sich die Leute gewundert, daß wir in der ersten Reihe saßen.
Ich war viel in der Stadt, um mir diese Plüschtiere zu kaufen, die ich sehr liebe und auch oft verschenke.
Bald muß ich in einen Neubau umziehen.

Irma Heller

Weimar ist spannend, lebens- und liebenswert. Als Bürgermeister ist mein Mann immer dicht am Geschehen.
Kinder können hier gut erwachsen werden, das Provinzielle läßt Familien Raum.
Unser Treff-, Streit- und Mittelpunkt ist dieser Tisch. Er stammt vom Großvater meines Mannes und ist als Kapitäns- und Kartiertisch über die Weltmeere gereist.
Gäste sind bei uns willkommen, auch Goethe, aber weniger als Büste, lieber als Buch im Regal.
Felix, das braune Dackeltier, ist eine Freude – immer verfügbar, hört zu, schweigt, gibt Wärme.

Uta Folger

Dieses Haus wurde 1929 von Walter Voigt im Bauhaus-Stil gebaut, mit einem damals sehr umstrittenen Flachdach. Von Garten und Mauer beschützt, liegt es in idyllischer Abgeschiedenheit. Die Bewohner habe ich 1983 als DDR-Korrespondent kennengelernt. Wir tranken »Stierblut« aus Ungarn (kein Fehler, daß es diesen Wein heute nicht mehr gibt) und sind seither Freunde. »Mephisto I« und »Mephisto II« hießen sie bei der Stasi, die vergeblich versuchte, die beiden als Spitzel zu gewinnen.
Wenn sie, wie alle Weimaraner (ich bleibe bei Goethes Wort für seine Mitbürger), vielleicht ein wenig zur Nabelschau neigen, dann doch auf äußerst sympathische Art.
Unsere kleine Inszenierung? Seht, der ist am Goethe-Jahr schuld! Und an der Kulturhauptstadt! (Nur meine Frau scheint da zögerlich.)
Souvenirs von ihm gab es schon vor gut 150 Jahren in Schmalz und in Marzipan. Die Stadt lebt von dem alten Herrn.
Weimar ohne Goethe – ein belangloses Nest. Aber weil es ihn gab, haben später alle politischen Bewegungen den »Geist von Weimar« für sich reklamiert.

Peter Merseburger

123

13

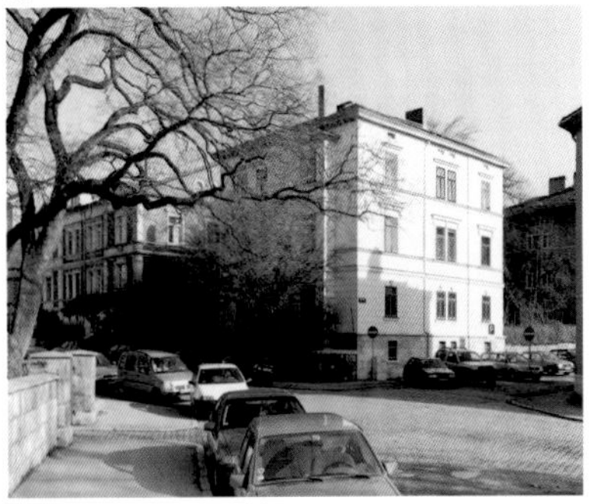

14

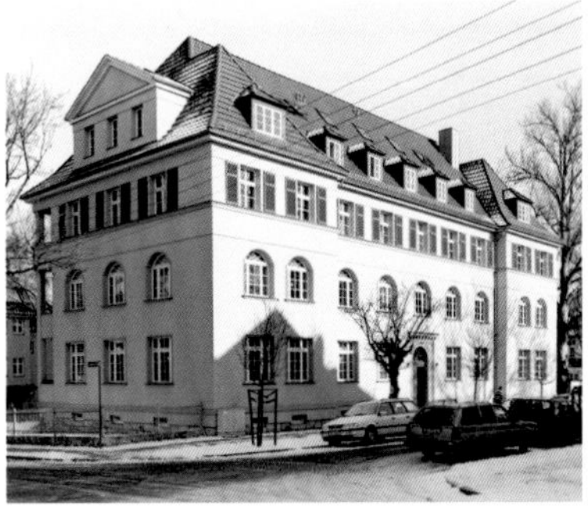

15

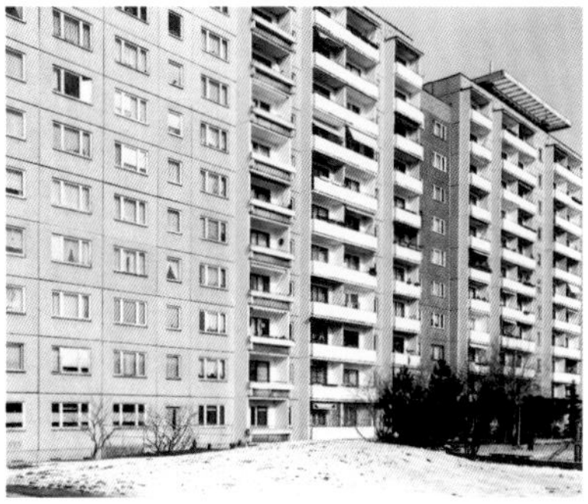

17

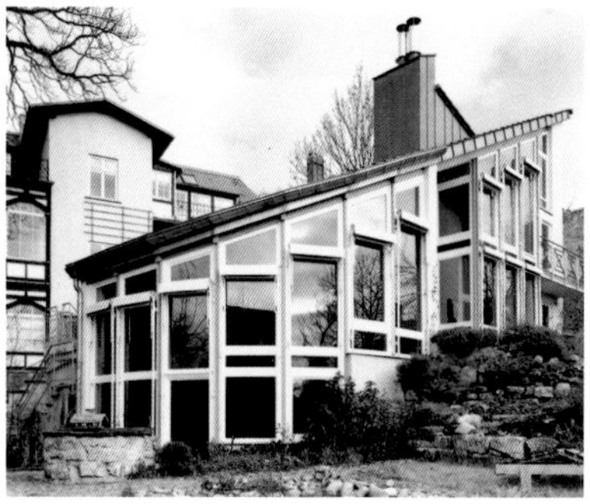

19

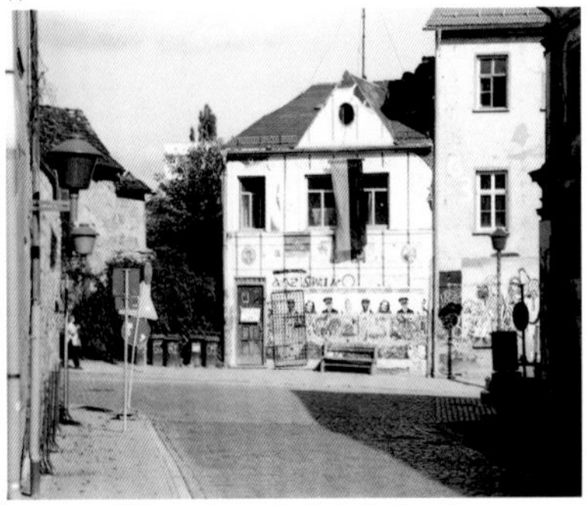

20

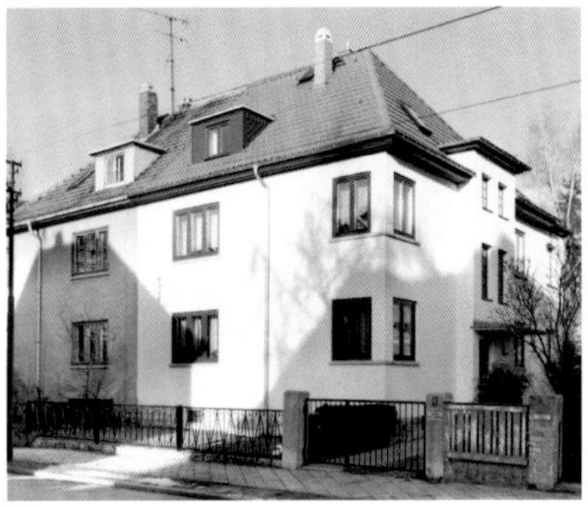

22/23

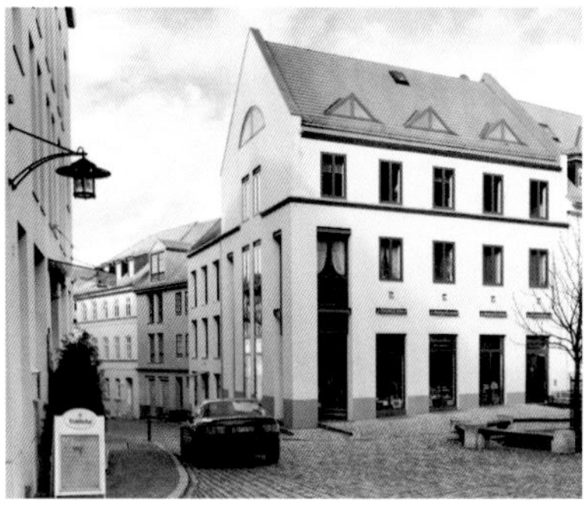

25

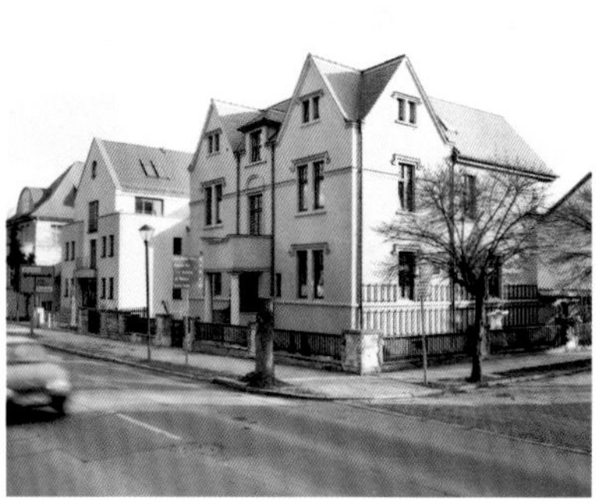

27

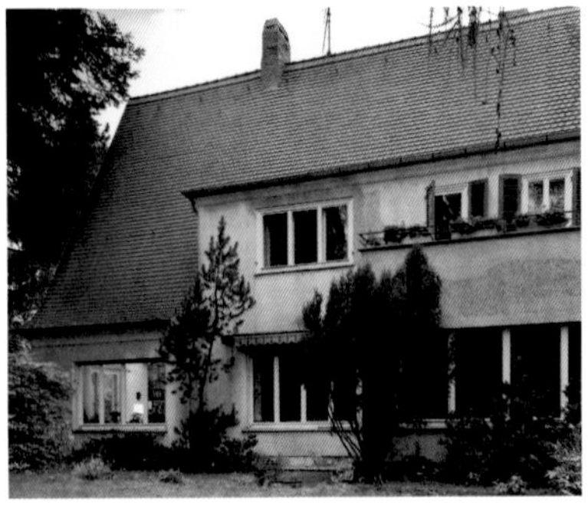

28

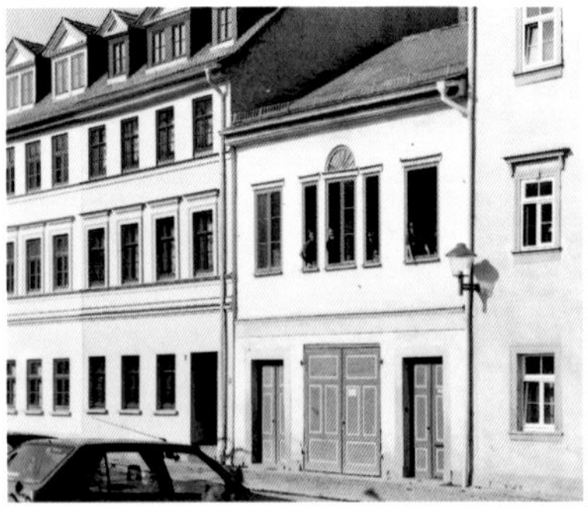

29

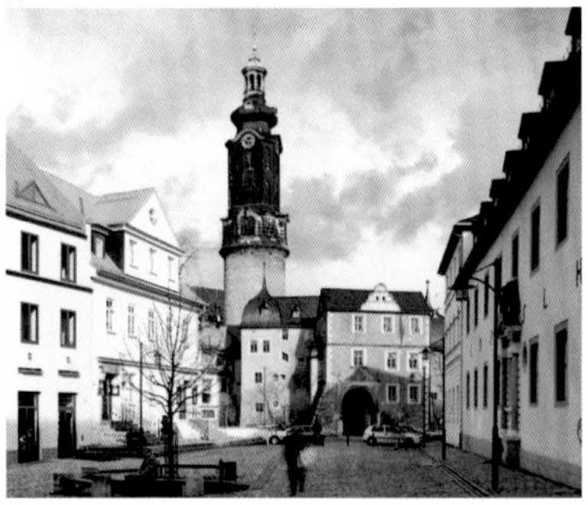

31

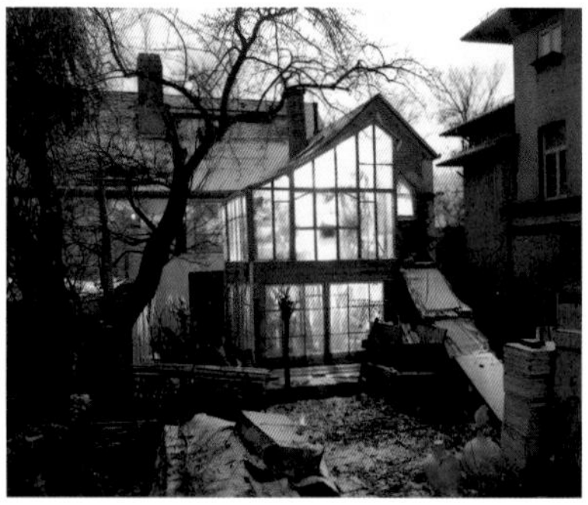

32/47

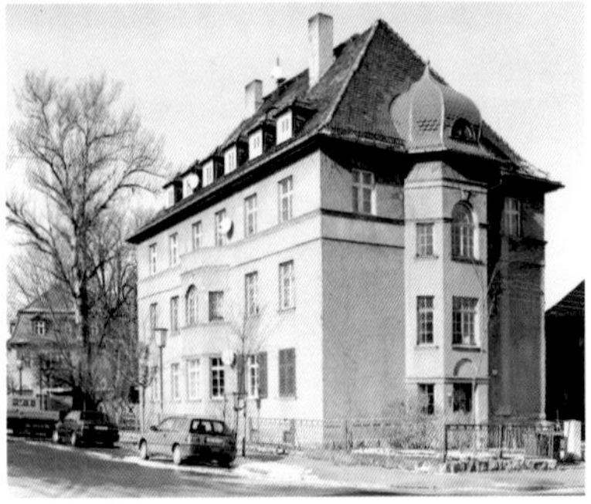

33

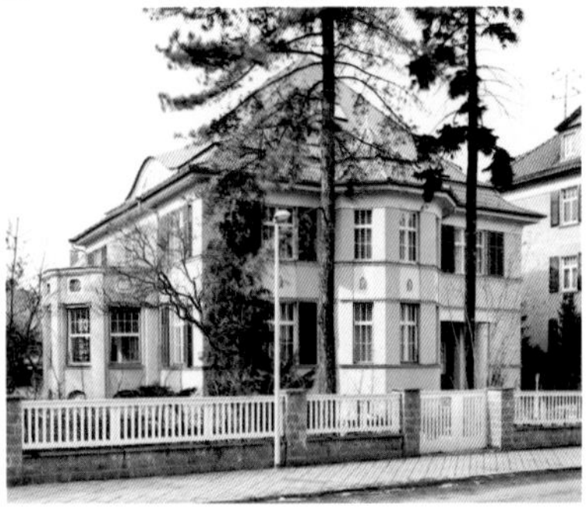

34

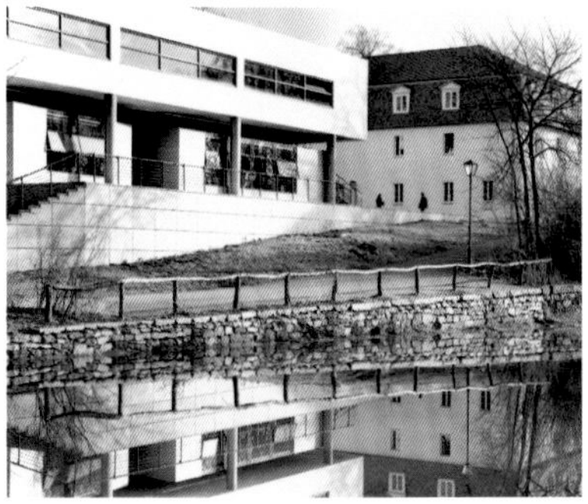

35

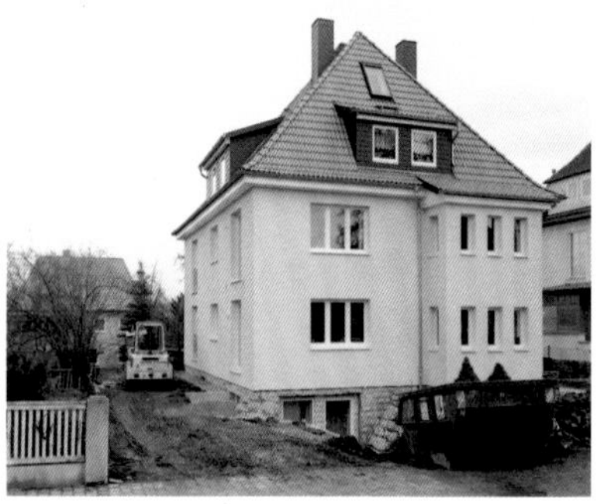

37

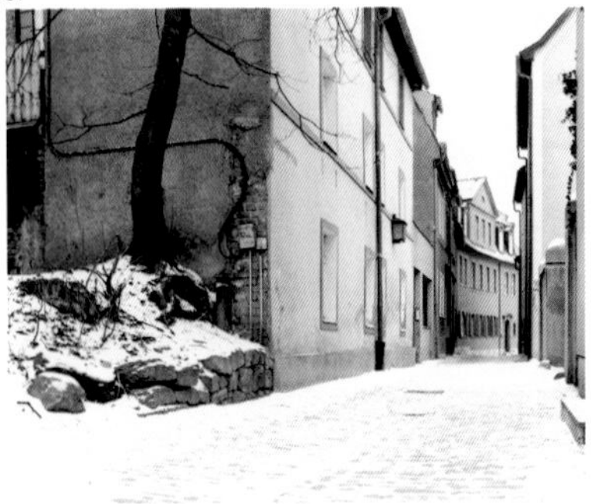

38

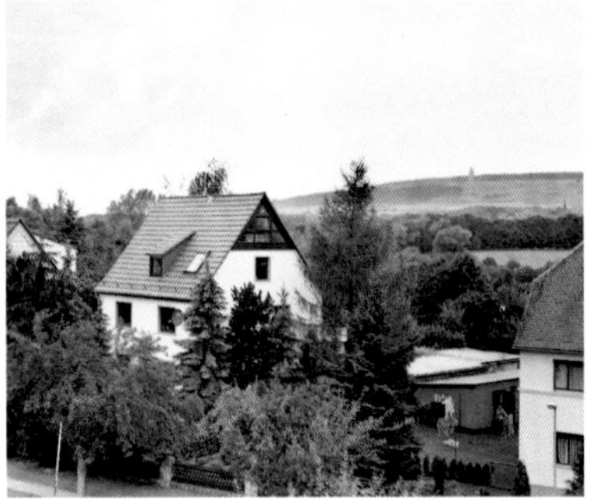

39

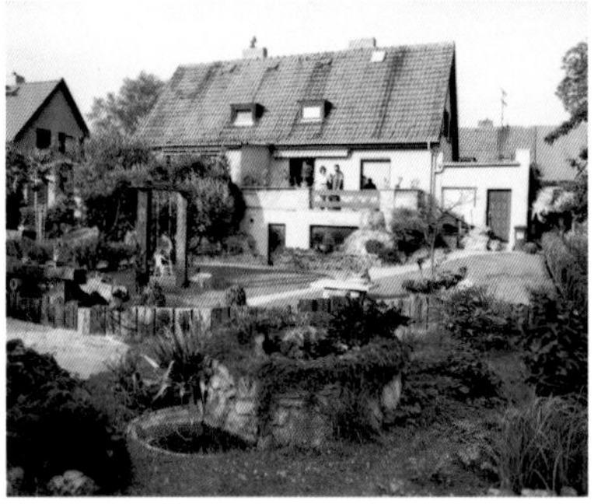

41

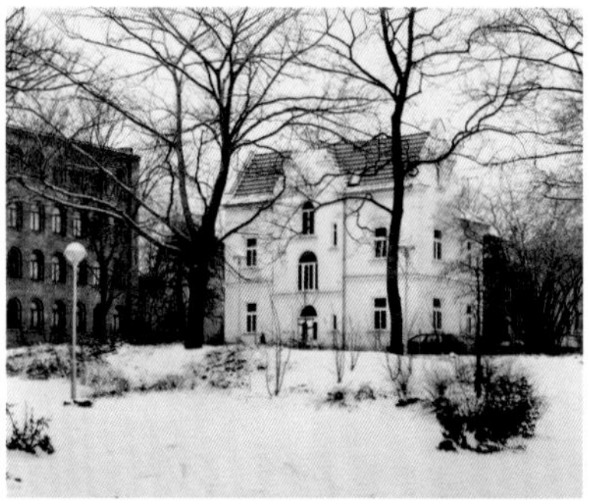

42

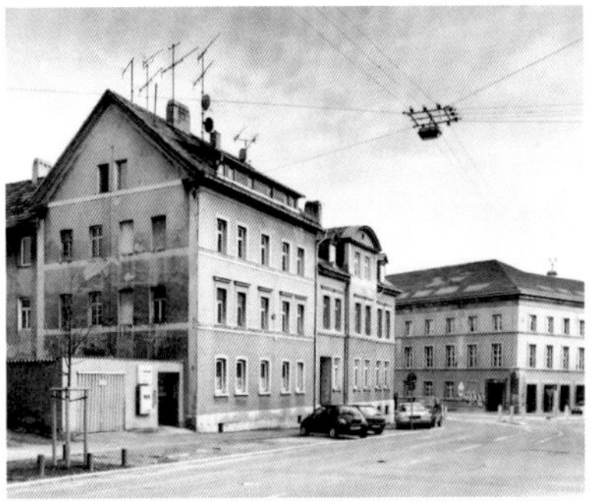

43

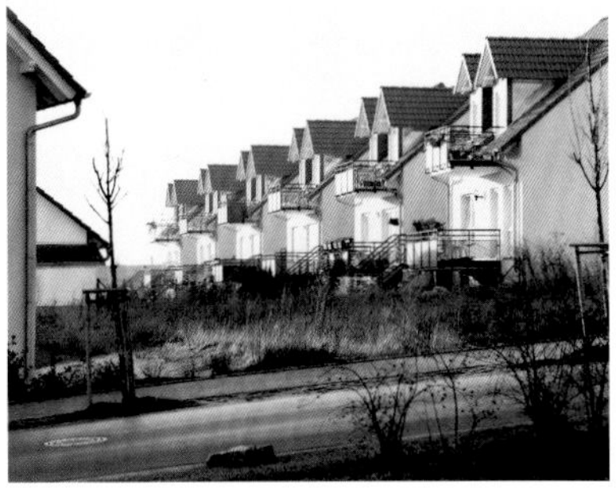

45

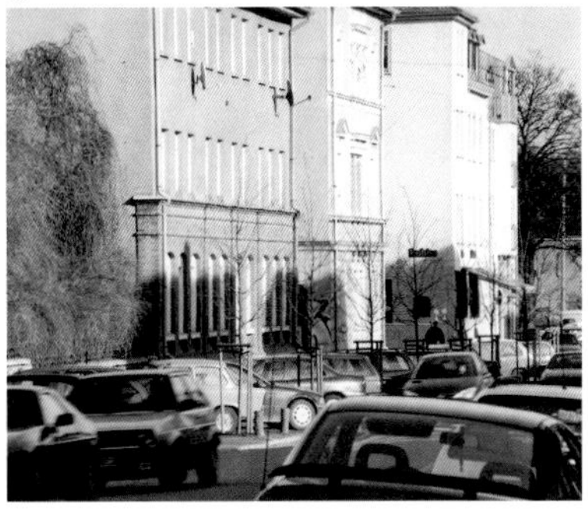

46

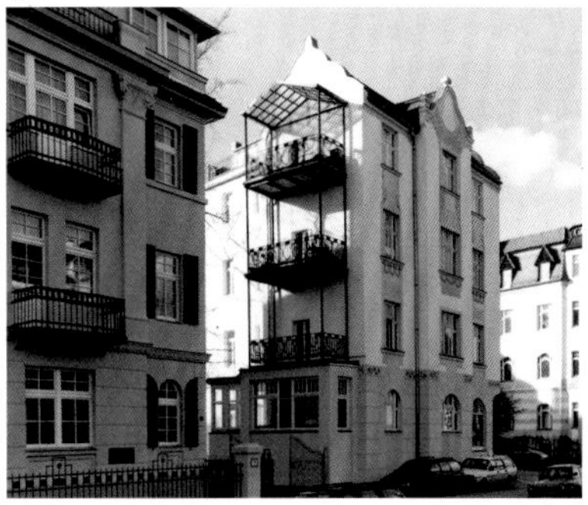

48

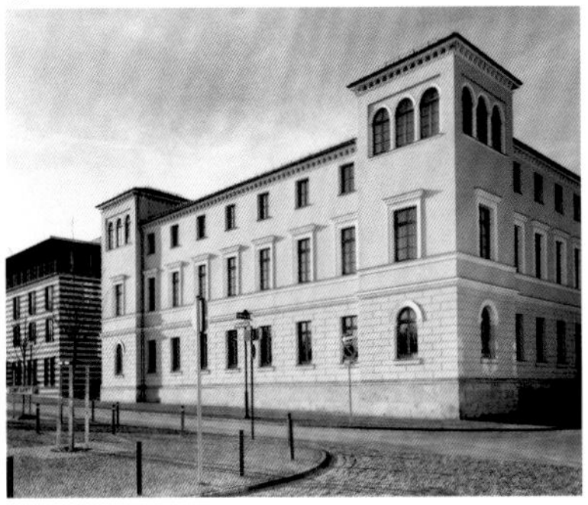

49

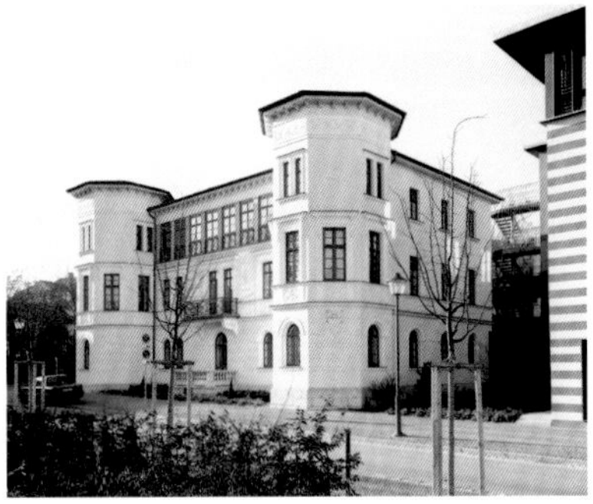

51

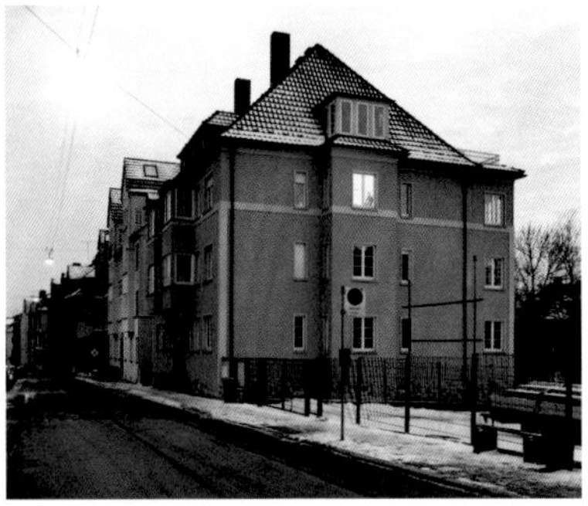

53

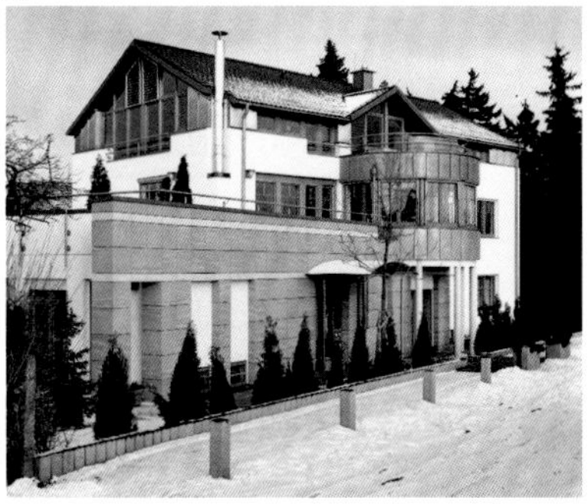

54

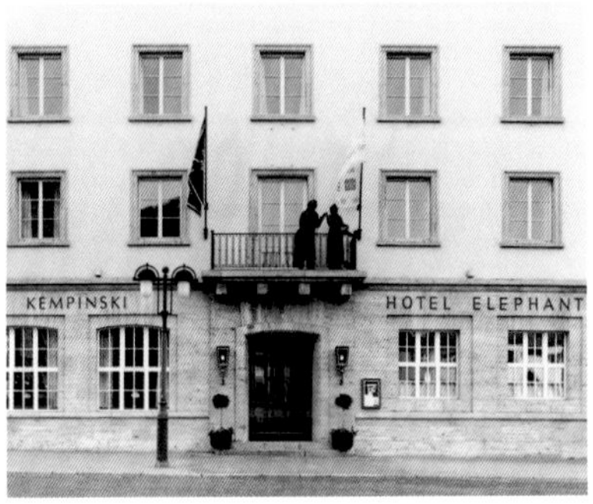

55

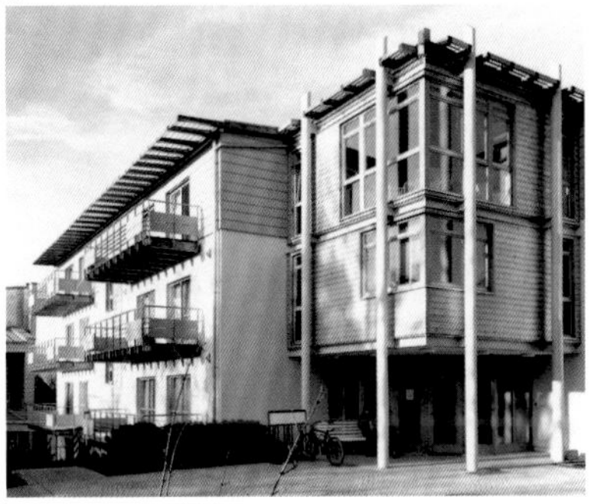

56

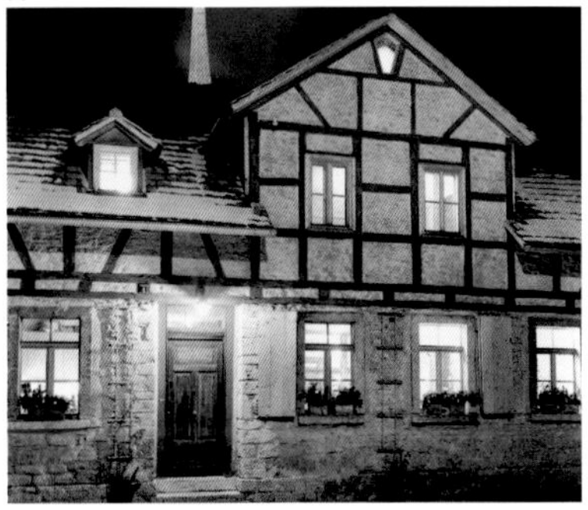

57

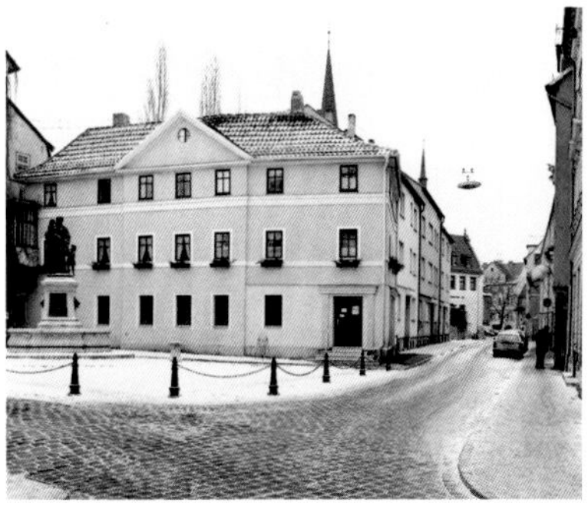

58

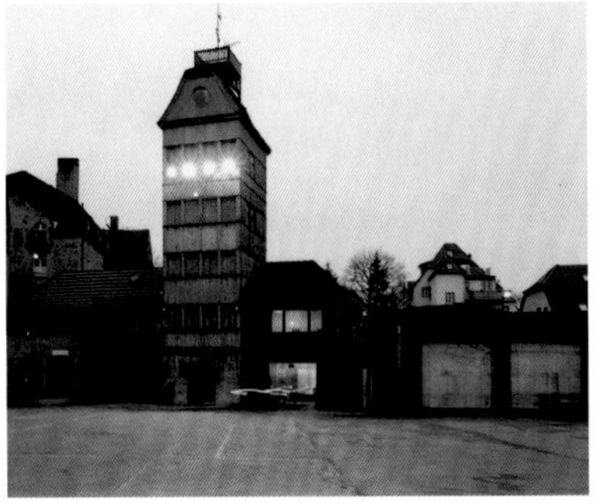

59

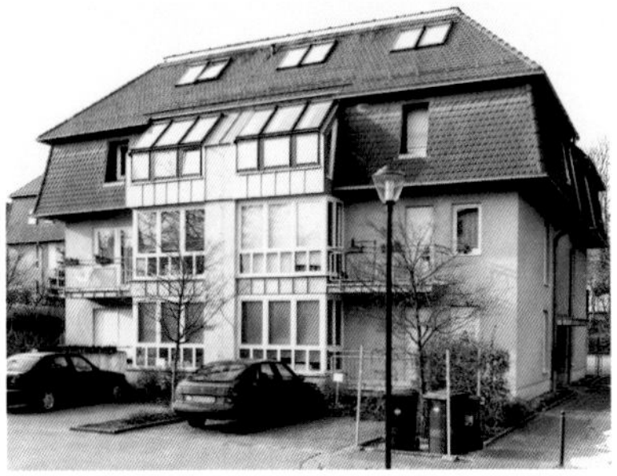

61

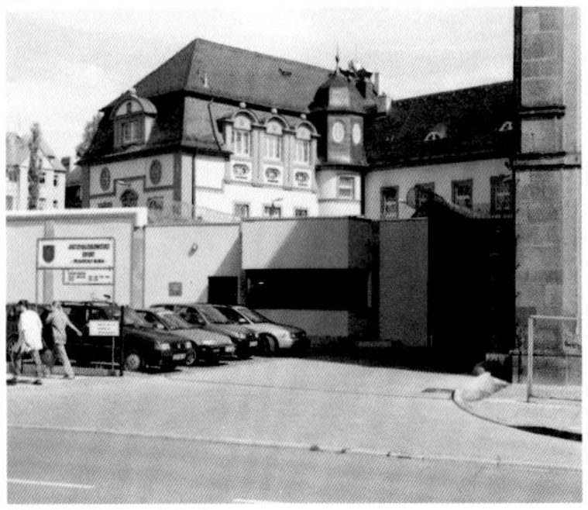

63

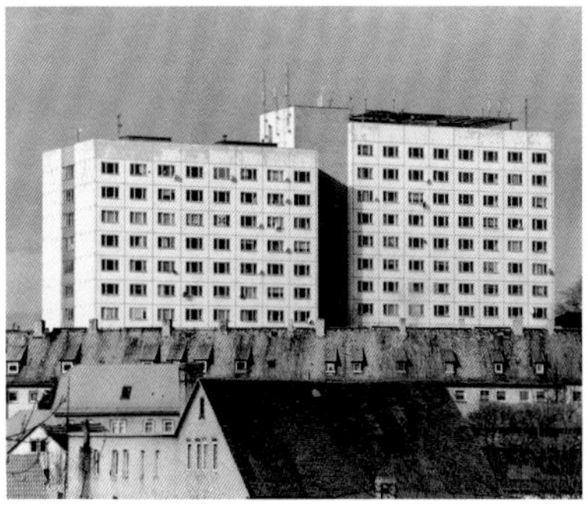

65

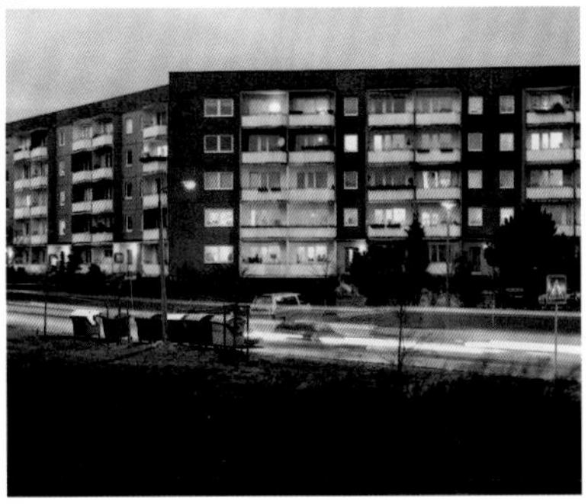

66

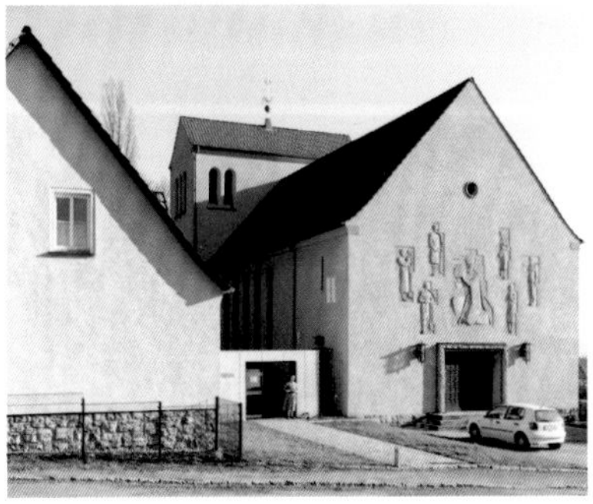

67

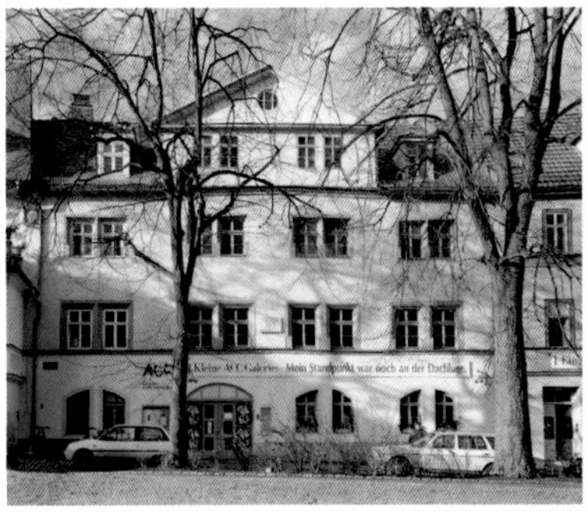

69

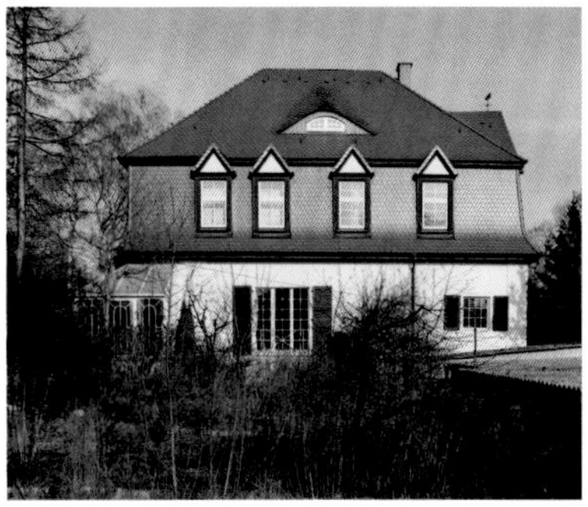

70

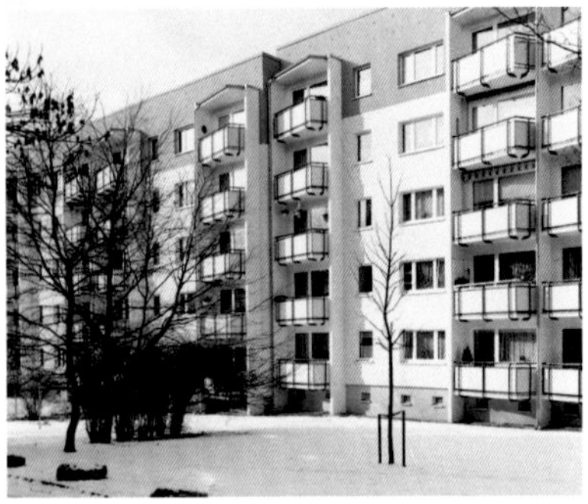

71

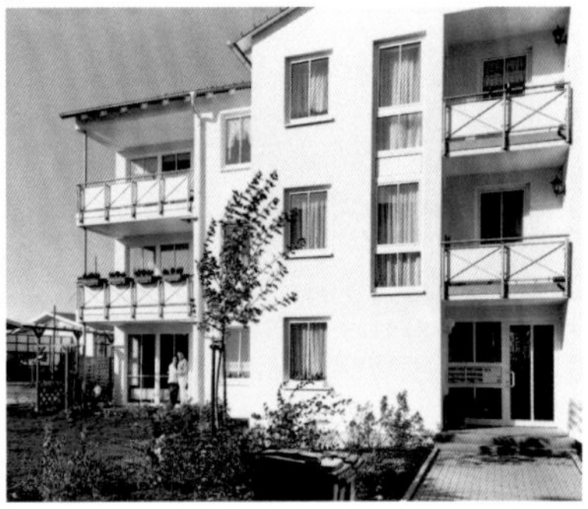

72

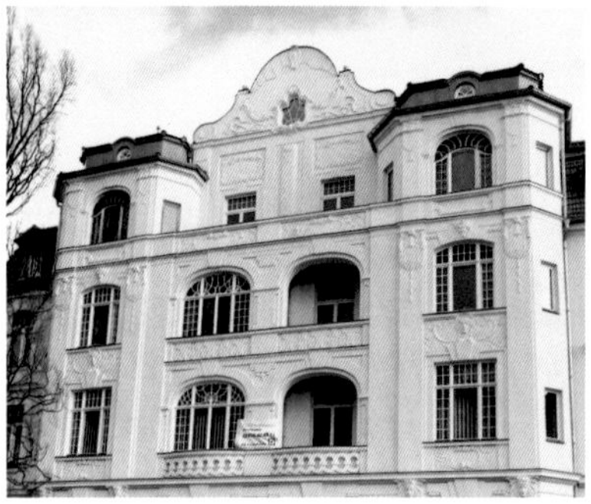

73

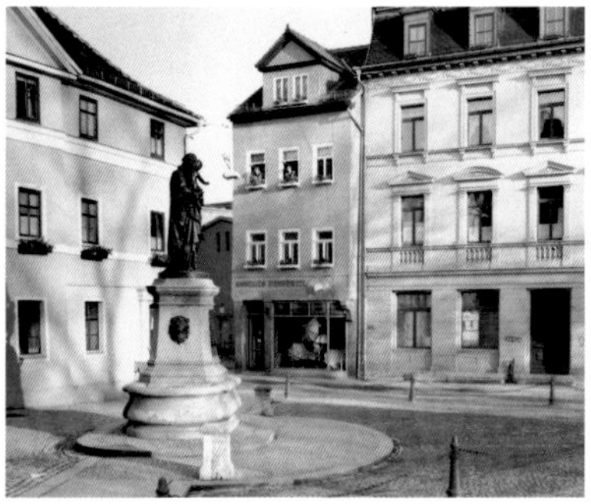

75

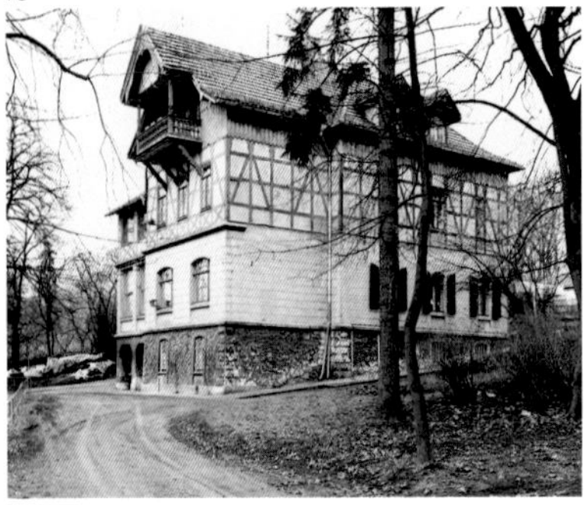

77

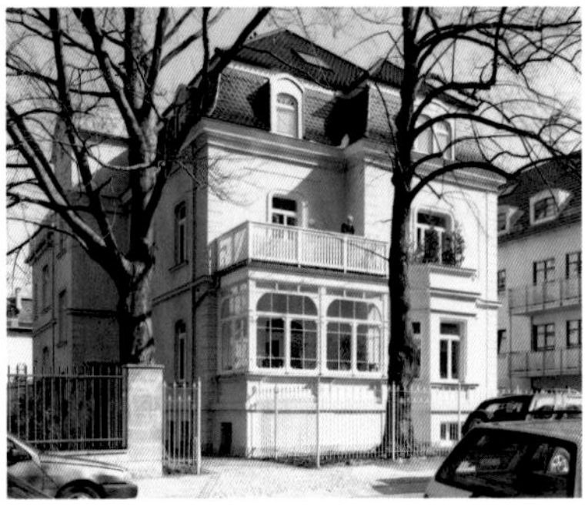

78

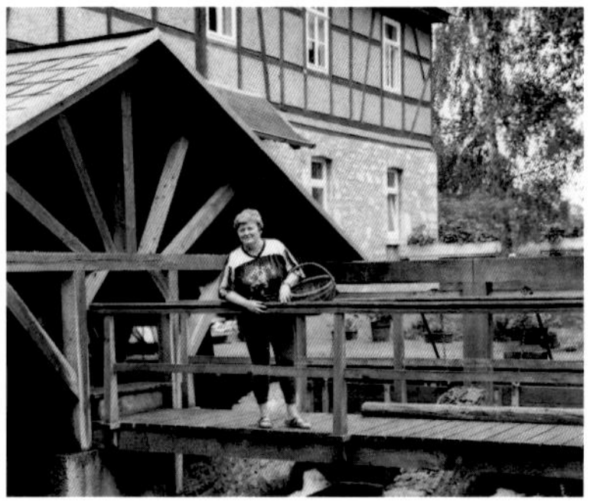

21/79

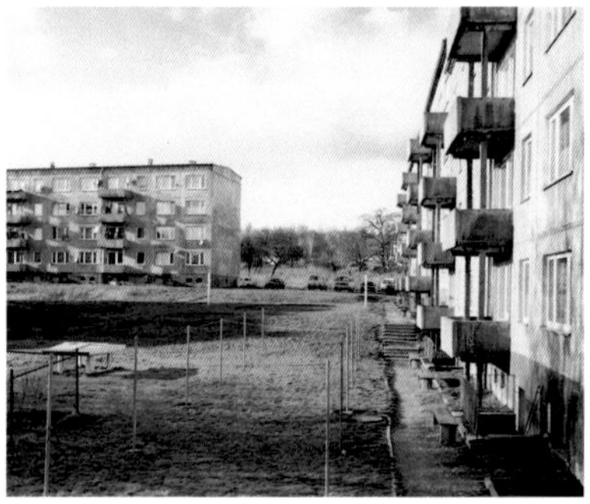

81

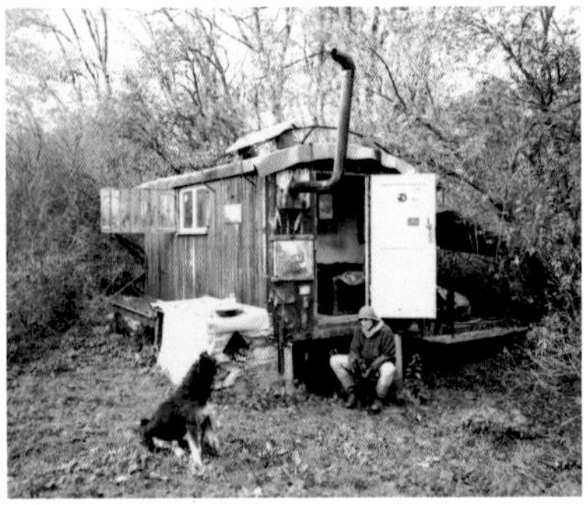

82

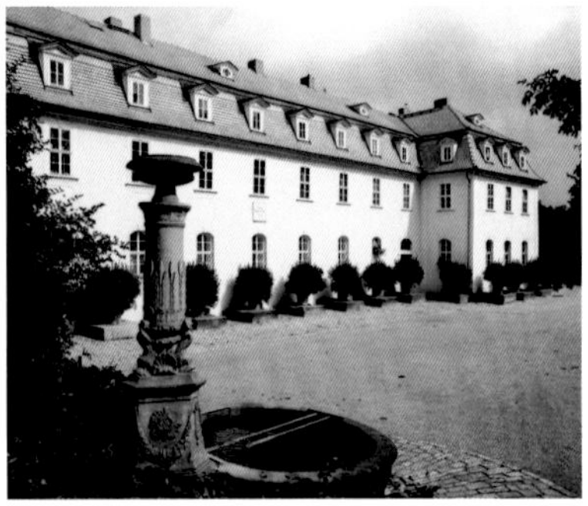

83

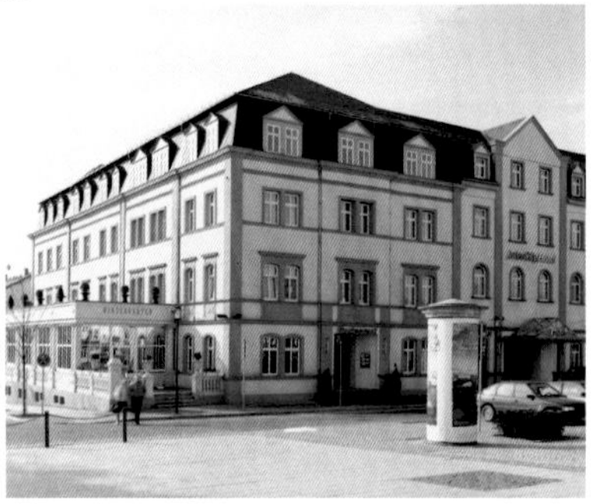

85

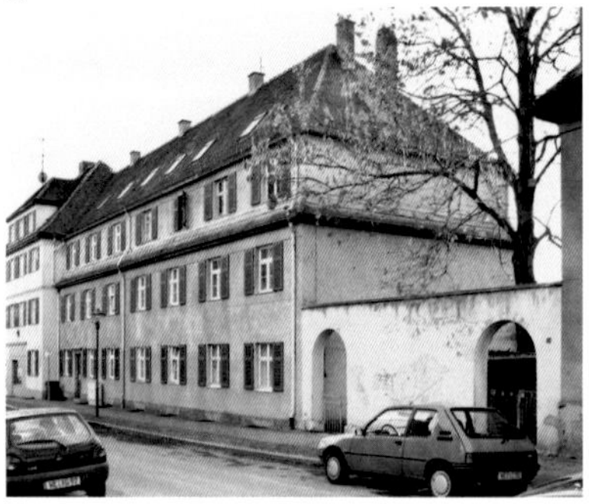

87

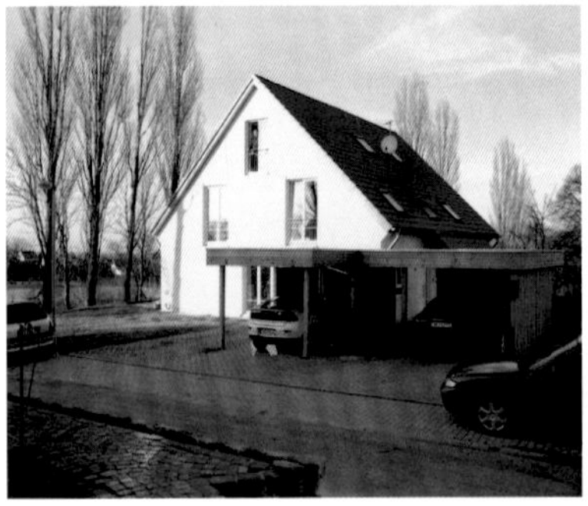

88

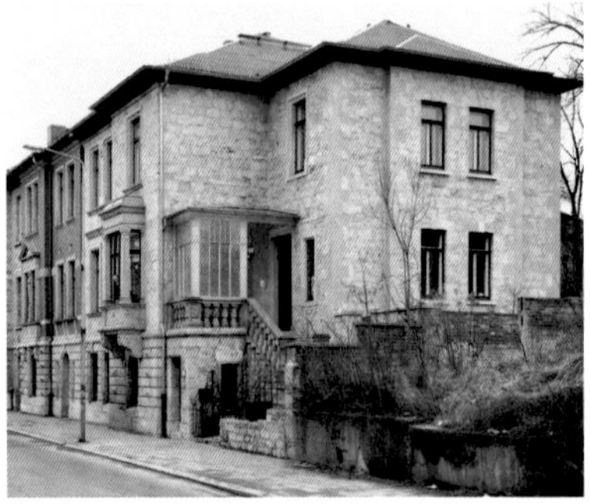

89

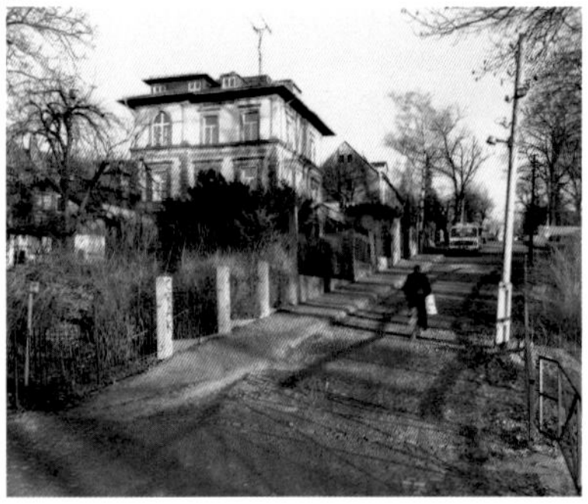

91

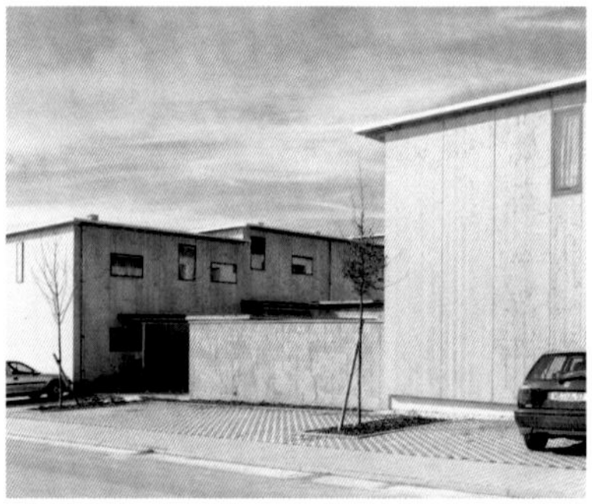

92

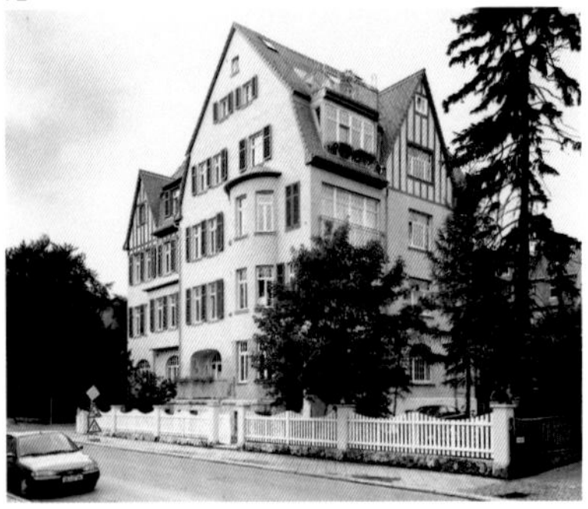

93

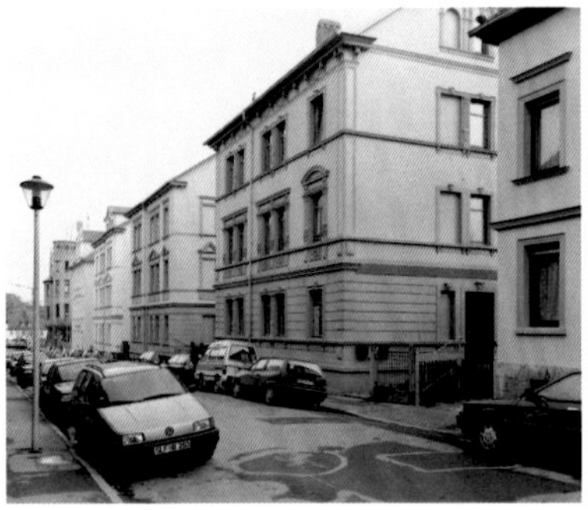

94

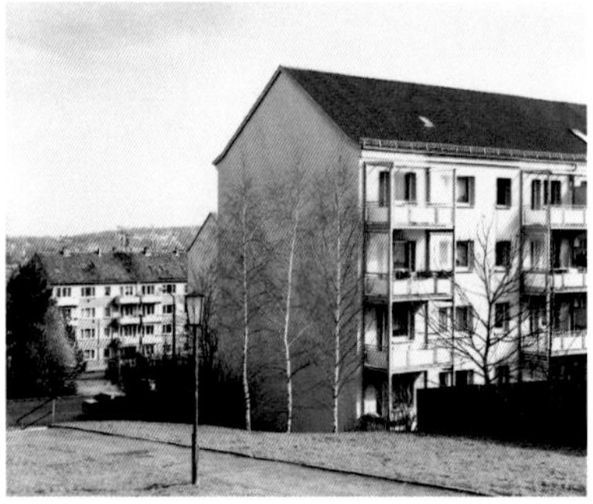

95

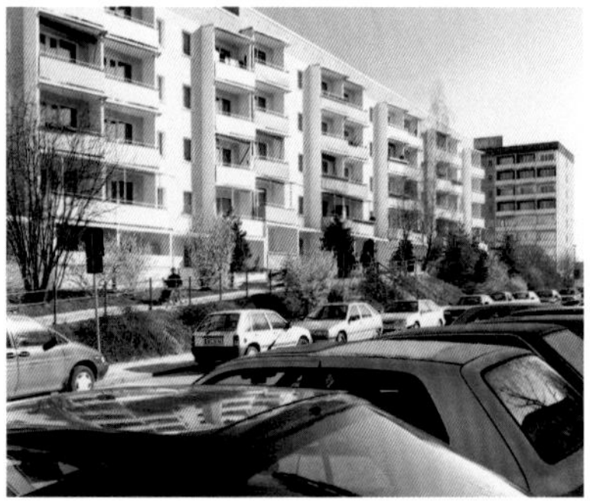

97 99 100 101
103 104 105 106
107 109 110 111
113 115 116 117
120 121 123

Allen, die beim Zustandekommen dieses Buches hilfreich waren, sei herzlich gedankt.

Insbesondere danken wir
der Stiftung für Kultur/Wissenschaft/Umwelt/Sport und Soziales der Sparkasse Weimar
für die großzügige finanzielle Zuwendung.

Die Publikation wurde außerdem freundlicherweise unterstützt durch
Dorint Hotel Weimar
Kempinski Hotel Elephant Weimar
InterCityHotel Weimar
Jütte Druck GmbH Leipzig
MEDIEN PROFIS Leipzig

Michael, Prinz von Sachsen-Weimar und Eisenach
Dr. Birgit und Dr. Jens Mitscherling, Weimar
Kanzlei Maierhofer und Partner – Rechtsanwälte und Steuerberater, Weimar
Gabriele und Michael Hasenbeck, Weimar
Vroni Dürrenmatt, Uschi Rothe und Dr. Sèbastien Mauron, Bern

Gedruckt auf Phoeno matt 170g der Papierfabrik Scheufelen

Scheufelen

Wir bedanken uns bei der Papierfabrik Scheufelen für die generöse Unterstützung.

Gedruckt im MProfiPlex®-Verfahren.
MProfiPlex® ist ein eingetragenes Warenzeichen der MEDIEN PROFIS GmbH Leipzig.

gedruckt in leipzig

Alle Recht vorbehalten
Glaux Verlag Christine Jäger

Jena 1999
Gestaltung: Klaus Frankhänel, Jena
Lithos: MEDIEN PROFIS Leipzig
Druck: Jütte Druck GmbH, Leipzig
Bindung: Kunst- und Verlagsbuchbinderei GmbH, Leipzig

ISBN 3-931743-20-9